金融创新的真相

SABOTAGE
THE BUSINESS OF FINANCE

[英]
阿纳斯塔西娅·内斯维索娃
(Anastasia Nesvetailova)
罗内·帕兰
(Ronen Palan)
著

何文忠　刘蜜蜜　林雪松　译

中信出版集团 | 北京

图书在版编目（CIP）数据

金融创新的真相 /（英）阿纳斯塔西娅·内斯维索娃，（英）罗内·帕兰著；何文忠，刘蜜蜜，林雪松译 . -- 北京：中信出版社，2021.6

书名原文：Sabotage: The Business of Finance

ISBN 978-7-5217-2928-3

Ⅰ. ①金… Ⅱ. ①阿… ②罗… ③何… ④刘… ⑤林… Ⅲ. ①金融学 Ⅳ. ① F830

中国版本图书馆 CIP 数据核字（2021）第 042873 号

金融创新的真相

著　　者：［英］阿纳斯塔西娅·内斯维索娃　［英］罗内·帕兰

译　　者：何文忠　刘蜜蜜　林雪松

出版发行：中信出版集团股份有限公司

（北京市朝阳区惠新东街甲 4 号富盛大厦 2 座　邮编　100029）

承 印 者：天津丰富彩艺印刷有限公司

开　　本：880mm × 1230mm　1/32　　印　　张：7.75　　字　　数：200 千字

版　　次：2021 年 6 月第 1 版　　印　　次：2021 年 6 月第 1 次印刷

京权图字：01-2020-2779

书　　号：ISBN 978-7-5217-2928-3

定　　价：68.00 元

目 录

引 言

每家公司都想成为高盛

2016年6月卡扎菲政权垮台之际，因其在2008年1月至4月为利比亚主权财富基金提供咨询和执行服务的共计9笔交易，高盛受到利比亚当局起诉。新利比亚政府声称，高盛从该交易中获利超过2亿美元，利比亚客户的投资却几乎尽数亏损。

诉讼期间泄露出来的消息称，高盛公司为了赢得利比亚投资基金的生意，挪用资金用于贿赂利比亚客户，以及为其提供性交易，甚至为其奢靡的生活买单。高盛内部文件形容利比亚客户的金融知识趋于“零”。公司文件还声称，“每天与客户保持密切联系非常重要”。高盛的一名员工讲述了他如何“向骑着骆驼生活在沙漠中的人提供结构性杠杆贷款”。[1]

利比亚败诉了。2016年10月，伦敦一位高等法院的法官发现，高盛与利比亚投资局之间的关系并未超出银行与客户之间正常友好的互利关系。法官认为，鉴于“交易的性质和之前高盛所做的工作”，高盛收取的费用并非狮子大开口。[2]

在金融行业，每家公司都想成为高盛。高盛公司成立于 1869 年，起初只是一家不起眼的小型经纪公司，1882 年更名为高盛公司。到了 20 世纪初，高盛已成为美国最伟大的机构之一，与美国的权力和财政机构交往甚密。高盛一直是许多毕业生梦寐以求进入的公司，在高盛工作过的员工也都在国际机构或国内政府机构担任要职。纵观其历史，高盛的适应能力和预测变革的能力十分卓越。

丽莎·恩德利奇在其畅销书《高盛：成功的文化》中发问：高盛的企业文化和成功秘诀何在？恩德利奇的答案跟很多书中的观点一样：高盛的成功与其注重勤奋的“独特文化”有关。“如果你想在高盛取得成功，你就必须放弃生活中的许多事情。在高盛工作更像是一种生活方式和一个终身职业，而不仅仅是一份工作。”[3]

2010 年，美国证券交易委员会（SEC）对高盛文化做出了略微不同的描述。美国证券交易委员会指控高盛高管层通过“误报和隐瞒有关金融产品的重要事实”欺诈投资者。[4] 美国证券交易委员会声称，高盛在没有完全告知客户重要信息的情况下，为其客户挑选了证券。具体而言，保尔森公司（一家和高盛关系密切的对冲基金）参与选择了投资组合，然后和该投资组合进行对赌。换句话说，高盛向其客户出售了它预测会亏损的证券。在此过程中，高盛获利，而客户却亏损：高盛收取经纪佣金和咨询费，客户不仅向其支付了费用，还得承担因高盛的错误预判而造成的损失。这类交易被称为“算盘（Abacus）交易”，[5] 第 5 章中会详细阐述何为“算盘交易”。

“算盘”事件是偶然发生的吗？一位曾任职于高盛公司的高管认为并非如此。他向年轻人提出了三个职业建议。

1. 抓住“轴心”。用“高盛话术”来说服客户投资我们看空的股票或其他金融产品。

2. “寻找大象”（高额利润来源）。用简单的话术让你的客户（其中一些人很老练，一些人还属于新手）参与能给高盛带来巨大利润的交易。

3. 正确认知你的工作是用一堆字母缩写词来糊弄客户购买流动性差的、不透明的产品。[6]

那么到底谁的观点正确呢？是丽莎·恩德利奇提出的积极文化，还是前任高管描述的残酷的短期主义和犬儒主义文化？

我认为两者都有一定的道理。在金融界，勤奋努力、与时俱进的人往往也都是最聪明的人，只有这样，他们才能适应变化迅速、竞争激烈的金融运作系统。但是，在如今的金融市场中，工作努力或有聪明才智还不够。金融业是一个充满活力和竞争力的行业，资本市场是最接近学术界所谓的“有效市场假说”的市场。

“有效市场假说”是由两位诺贝尔奖获得者保罗·萨缪尔森和尤金·法玛提出的，这一概念经常被误解，往往被人们简单地理解为“市场风向标”。该理论似乎表明，市场可以有效和快速地分配资源，甚至不需要政府或监管机构的外部干预。在市场失灵时，例如在金融危机期间，“有效市场假说”很容易被嘲弄。

但在我们看来，这不是“有效市场假说”的重要作用，甚至也不是一个正确的解释。市场效率的概念更深刻也更清醒：无论你多么聪明，无论你多么努力，你都无法战胜市场。“有效市场假说”告诉我们，只要按照市场规则进行交易，没有人可以持续赢利。一些人认为金融和银行机构可以通过解读经济数据和金融趋势来预测未来，但“有效市场假说”否定了这一想法。保罗·萨缪尔森写道：“从逻辑上讲，也许确实有经理人能够一直领先于市场，但他们非常隐蔽。”[7]

金融领域是一个聪明人集中的地方，这些人非常努力地赚钱，勤奋往往伴随着成功。在2007年之前，金融行业的利润率高达20%~30%，甚至超过40%都并不罕见。2009年之后，利润率仍然很高。然而从理论上讲，金融行业无法产生如此巨大的利润。我们即使调整市场因素，如准入壁垒（银行经营需要许可证）、监管干预（《巴塞尔协议》等规则）和其他障碍（货币制度的差异、会计规则、对资本流动的控制）等，也无法合理地解释在深入、流动和全球化的资本市场中，金融行业为什么会有该行业早已司空见惯的如此高额的利润。

那么这些高额利润的源头是什么？它们从哪里来？是前人的理论出错了吗？我们应该收回颁给萨缪尔森和法玛的诺贝尔奖吗？也许不是。事实上，有一种另辟蹊径的赚钱方法。我们只需要仔细观察那些金融机构的员工、首席执行官和交易大厅的交易者——他们似乎很清楚如何应对有效市场的制约因素。

金融界有一则逸事。据报道，雷曼兄弟的管理人员在公司倒闭前几周召开了会议，以制定投资决策。在讨论特定交易时，其中一位董事就交易中潜在的利益冲突提出了一个疑问。会议主席反驳说：“没有冲突就没有收益。”

人们可能会认为雷曼是一个例外，这家银行赚钱太容易了，以致最后死于自己的疏忽和无能。但雷曼不是一个例外。在本书中将看到，“没有冲突就没有收益”的魔咒是一种广泛现象，而非单个银行倒闭的特例。这已然成为一种行业模式、思维方式和时代思潮，甚至成为行业标准。

我们无须费力就能找到这种行为的许多证据。一个英国议会委员会认为，两家被救济的英国银行（苏格兰皇家银行和劳埃德银行）故意让中小型公司客户违约，是为了以更便宜的价格获得其资产。2009 年瑞银（瑞士最大的银行）与美国司法部就逃税问题达成了一项暂缓起诉协议。瑞士信贷以及瑞士、以色列和印度一系列银行也是如此。汇丰被控告（并承认）未能监控超过 6 700 亿美元的电汇，并且从墨西哥汇丰银行购买了超过 94 亿美元外汇。这也就意味着，世界上最重要的银行之一承认为墨西哥贩毒集团洗钱！汇丰银行继法国巴黎银行等之后，违反了美国对伊朗、利比亚、苏丹、缅甸和古巴的经济制裁。美国另一项关于银行帮助和教唆逃税行为的调查，揭露了韦格林银行的丑闻，这是瑞士最古老的银行，在经营了 272 年后，于 2013 年倒闭。美国法院最终判决该银行触犯了美国的法律——税务欺诈罪。[8]

2012 年，在大西洋的另一边，伦敦银行同业拆借利率（LIBOR）操纵事件爆发，紧随其后发生了欧元利率和外汇操纵案件，还有无数“不当销售”的案例。2015 年，因为涉嫌帮助俄罗斯客户洗钱并通过所谓的“镜像交易”转移资产（总计 60 亿美元），德意志银行（在俄罗斯营业可以追溯到 1881 年）被迫关闭其俄罗斯证券部门。[9] 2018 年，丹麦最大的银行机构和欧洲最有名望的银行机构之一——丹斯克银行（丹麦银行），被揭露通过其爱沙尼亚子公司参与洗钱，涉案金额约 2 340 亿美元。2020 年，另一家备受尊敬的斯堪的纳维亚银行——北欧联合银行（Nordea Bank AB），也面临类似的腐败指控。

对于银行来说，次严重的不当行为包括但不限于以下内容：涉及融资权问题的误导性陈述；对小企业滥发贷款；操纵黄金价格；跟巴克莱紧急筹集资金相关的误报；银行职工窃取机密监管信息；与希腊当局勾结欺骗欧盟决策者；将意大利债务从资产负债表中移除的金融工程操作；为了减少报告中的风险加权资产或为了满足资本要求而操纵风险模型；向美国证券交易委员会提交虚假陈述并且伪造账簿和记录，人们后来所知的“伦敦鲸”事件。[10] 到本书出版时，上述列表可能还需要补充。

自 2009 年以来，仅在美国，国内外银行就因不当行为被罚款 3 210 亿美元。我们所知道的金额只是冰山一角，处罚旨在警告大型国际银行应该做好承担法律风险的准备。这意味着，这种行为并不是银行内部蓄意造成的，而是系统性的。

即使有那么多的案例和巨额罚款，人们仍然希望将银行的利润描述为内部腐败的结果。为什么金融行业中不当行为频发，特别是为什么在特定的时间和地点频发，这些问题还有待解释。

人们通常将 2007—2009 年的金融危机归结于全球宏观经济政策不佳和监管框架不足。但是，全球宏观政策与银行的不道德行为之间有什么关系？如果这些事件被归结于治理不善，且都是孤立案例，为什么这些公司可以在 IT（信息技术）领域投资数十亿美元来减少算法交易的时间，还控制数万亿美元的资产价值，却这么长时间都不知道行业内部管理不善的负面案例？这样高级的失败显示出什么样的金融文化？更具体地说，体现了什么样的商业标准？是否有希望将这种情况控制到最低限度？

盈利的基本操作

本书的主要论点是，金融首先是一门生意，这是一个很简单的观点。

企业实体及其员工，至少那些掌握权力和决策权的人（“交易撮合者”），应该首先被视为商人。作为商业人士，他们并不受制于银行应该怎样的某一特定理论。他们只对金钱、利润感兴趣。

你可能会想，这是巨额交易。是的，银行和金融就是关于金钱和利润的，但这里有一些细微差别值得注意，例如：如何通过交易来使彼此获利？要想解答这一问题，赚钱的理论很重要。传统概念中的企业，包括银行，是一个受市场约束的交易实体，与生产某种东西的制造企业不同，金融市场的本质功能是连接借款人和储蓄者。银行这个行业的效率越高，对所有人来说都越好。因为如果在竞争激烈的市场中进行交易，那么他们将被迫进行创新、提高效率并最终优化社会资源配置。因此，各国和各国政府都会尽量避免干预市场，包括金融市场。

这一理论存在许多问题，很多文献也对此进行了反复的讨论。“有效市场假说”只是标准经济学核心假设的一种变体。在这一理论框架下，从长远来看，完全竞争市场的利润接近于零。随着新公司进入该行业，市场上可用产品的供应量增加，这迫使价格下降，并逐步趋近于零。换句话说，利润来自市场中的“暂时不平衡”。经济学告诉我们，这是一种好现象，因为市场不平衡通常来自产品、服务、交付或组织的创新，或者是来自外部扰动，如政治干预。

事实确实如此，但是要满足两个假设前提。首先，遵守某些规范的行为产生暂时的不平衡。但是，如果不是每个人都遵守规则呢？该理论的含义是，那些按照规则行事的企业往往不可避免地会亏损或者倒闭，同时赢利能力还很低。问题是这些企业是否可能寻求一个长久的办法，使其获利的不平衡点持续更长时间。这样一来，价格机制作用于他人，却对他们自己的约束力不大了。

或许这是核心，金融业务与其他业务没有什么不同。历史表明，成功的工业或服务业企业都会通过扩大自己的影响力、制定自己不用遵守的规则等方式，想办法干预市场。可口可乐和百事可乐都拥护竞争激烈的自由市场，同时也都在和餐厅及商场签订独家优惠协议，让顾客别无选择。这些交易不能提高效率或实现“最佳”资源分配，餐馆等场所也不欢迎这样的行为。这些交易旨在通过垄断渠道来确保更高的赢利能力，现在的科技巨头——苹果、亚马逊、谷歌、脸书或微软，都通过收购或摧毁潜在竞争者来维持“市场”竞争力。

为什么金融行业不同？为什么一些有战略眼光的商人和那些掌握巨大市场力量的人往往会遵循市场规则？这不符合这一理论框架。与企业一样，金融也面临着市场竞争，而竞争是利润的敌人。许多银行和金融机构都有高额利润，这只能表明，它们已经找到了某种方式来颠覆经济理论中的“均衡定律”。

这一切都是常识。那么为什么经济理论仍然坚持这种想象的市场呢？可能是因为，随着经济理论越来越量化和技术化，这种关于商业行为“遵循规则”的关键假设往往会被遗忘。

破　坏

现在，依靠教科书中的理论来理解金融是很困难的，不管这些理论的学术或政治亲和力何在。为了理解银行不良行为的持续性和普遍性，在本书中，我们回到现在常被忽视的旧制度经济学（OIE）的观点。

这一观点的代表性人物是托斯丹·凡勃伦和约翰·罗杰斯·康芒斯。这一学术体系是在20世纪初的美国发展起来的，当时美国资本主义经历了金融驱动的重大变革。在观察了19世纪后期美国的经济形势及其在世界各地的蔓延趋势之后，凡勃伦得出结论：首先，当时的经济制度是由商人定义的，而不是由企业家或者资本家定义的。其次，商人已经专精于市场破坏了。事实上，商人往往明白有效且竞争激烈的市场对客户有利，但难以产生利润。美国资本主义创始时期的商人们不约而同地对此采取了一些措施。

凡勃伦看到，19世纪后期出现的新一代商人不是由专业生产者发展而来的（实际上马克思主义者更倾向于看到这种现象）。他们也不是制造业或组织机构中的创业者或创新者。这些人当时的存在和现在一样，但他们是少数。凡勃伦认为，大多数商人都是专家，他们是“交易撮合者”，是买卖的专家。根据他在深入研究现代商业本质时收集到的证据，凡勃伦认为他那个时代的成功商人通过干预市场找到了赚钱的方法。他发现，总有一种“破坏性的东西，如生产延迟、进入限制、同行退出、工人失业等，造成生产能力不足”。[11] 至关重要的是，尽管这一概念具有很强的规范性，但凡勃伦却将“破坏”概念与其他概念（意图、个人或者流氓行为）区分开。他的方法比传统经济学更明确，这表明市场干扰是商业企业的核心竞争力来源。

虽然凡勃伦在很多方面被认为是一个激进的人，但实际上他是有效市场理论的早期信徒。他还承认人的自利性和个人主义，但他的结论不是基于抽象和演绎，而是基于他对所在时代商人实际行为的观察。他的结论是，这些商人是专业的破坏者，他们知道如何规避市场规则。

我们从凡勃伦的想法中可以学到很多，比如当今领先经济体的监管和制度架构主要是那一时期形成的。我们将试图证明破坏（或者用凡勃伦的表述方式，即对客户、竞争对手或政府的阻碍、限制、撤销或伤害）最可能是金融利润、个人福利和企业利润的重要来源。

在每个选定的案例中，我们研究利润丰厚的交易，或那些并非源于技术、能力、专业知识、努力工作或卓越知识（信息不对称理论）的竞争优势而达成的“交易”。相反，这些交易涉及控制市场。也就是说，通过内部歪曲信息或事实，对客户、竞争对手或政府（或三者均有）造成事实或潜在的损害，从而破坏价格机制。具体而言，在金融体系中经常报道的孤立丑闻可以归结为三种：损害客户、损害竞争对手或损害政府（或以上三种同时涉及）。破坏活动不是出于恶意，而是旨在确保金融交易在有效市场中的赢利能力。

通过理解“破坏”和“金融”这两个概念，我们可以更好地理解为什么有这么多莫名其妙的行为引起的欺诈调查和巨额罚款。

也许本书最令人惊讶（或令人沮丧）的部分在于我们的结论：自 20 世纪 20 年代以来，事态似乎没有什么变化。在那 10 年间，法规松懈甚至缺失，金融业迅速繁荣、蓬勃发展，导致了 1929 年的金融危机和大萧条。迄今为止，20 世纪 30 年代仍然是战后国际金融和经济治理建设的最重要时期。20 世纪 30 年代早期，罗斯福的“新政”政府的许多成员，如阿尔弗雷德 · A. 贝尔、雷克斯福德 · 图格威尔和罗斯福智囊团的其他成员，都采用了凡勃伦的商业理论及其相应的监管哲学。

他们非常关注商业破坏。我依稀记得《格拉斯 – 斯蒂格尔法案》包含一系列法规，旨在限制金融破坏行为，希望金融体系被重新定义为储蓄者和借款人之间的中介。罗斯福总统在其第一次总统演讲中提出了这一论点:“货币兑换商已经逃离了我们文明庙宇的高位。我们现在要将这座庙宇恢复为古老的真理。”我们认为,当代金融监管应该回归这些原则,并根据公共福利将“破坏”概念纳入其中,重新定义和规范金融体系。

因此,在本书的最后部分,我们将回顾一系列国会听证会,尤其是1934年的《佩科拉报告》。参议员佩科拉的调查以及参议院银行和货币委员会的最终报告在制定《1933年银行法案》《1933年证券法》《1934年证券交易法》(统称为《格拉斯-斯蒂格尔法案》)方面发挥了关键作用。

多场专业听证会达成了一致意见,即1929年的危机不是简单地由繁荣、狂热或投机引起的。相反,用他们自己的话来说,《佩科拉报告》旨在揭露对公共福利有害的银行业务和做法,揭示股份发行和证券出售中采用的不道德手段,并披露规避所得税负债的手法。它指出,报告及其后续法规的目的是“为暴露的问题进行补救立法奠定基础”。[12]

随着时间的推移,报告本身和改革的原因已被遗忘。金融治理的重点从遏制不当商业行为转变为维护金融稳定性——这也是我们认为的问题所在。2007—2009年金融危机期间暴露的行为,以及无休无止的业内渎职或流氓行为,为我们揭示了金融业务的运作方式。除非我们通过法规再次尝试解决破坏问题,否则问题将永远存在。

第一部分

作为经济学概念的“破坏”

01

金融体系中的“破坏”行为

“我希望你不要用‘破坏’这个词，可以找一个不那么沉重的术语吗？也许可以用‘冲突’？”我的一个基金经理朋友说道，他试图说服我们。

一位贝莱德前员工跟我说：“我知道这里的‘破坏’是什么意思，但我必须说这个词太过冒犯了。在银行业中，特别是中低层，还有很多员工辛勤工作只是为了谋生。你能换一个词吗？”

一位之前在高盛工作的朋友也表示：“我不喜欢‘破坏’这个词。听上去有些刻薄……坦率地说，不为追寻利益，怎么在这个行业赚钱？”

那么，能不能找一个委婉的说法，用一个不那么冒犯的词语来描述金融行业赚钱的核心技巧？我认为不能。

托斯丹·凡勃伦是一个重要的经济学学派之父，[1] 他首先将“破坏”作为核心概念引入经济学。他指出，“Sabotage”（破坏）是

“sabot”的派生词，在法语里是木鞋的意思。因为穿着木鞋行动迟缓，这个词引申出了缓慢、拖曳、笨拙的运动之义。所以“破坏”可用于描述任何缓慢、效率低下、笨拙、受阻的动作。[2] 到 19 世纪末期，“破坏”一词在美国被广泛地使用：

> 涵盖所有和平的或暗中进行的拖延、阻挠、摩擦和失败的操作，包括雇佣工人强制执行索赔、雇主损害员工利益或通过竞争性业务来压制对手以确保自己的优势。[3]

托斯丹·凡勃伦是经济思想史上一个备受争议的人物。其写作风格陈旧而又令人费解，总是充满了政治色彩，主要体现在他于 1899 年发表的《有闲阶级论》。在这本书中，他批判了资本主义社会中的消费主义和社会分裂。现在，大学课程中很少讲授凡勃伦的理论。搜索引擎中搜索排名居高或网站推荐更多的是约翰·梅纳德·凯恩斯和约翰·罗杰斯·康芒斯的相关理论。

然而，在 2007 年 9 月金融危机之后，由于巴拿马文件和天堂文件等被揭露，人们开始思考凡勃伦的破坏理论是否有助于我们理解资本主义组织中的许多危机。在当今商业世界中，特别是在利润丰厚、竞争激烈的行业中，探讨一切可用手段可能比市场和经济行为的传统理论更能贴近金融行业的实际情况。“一切可用手段”包括创新、阻碍、削弱、损害、破坏、摧毁和欺骗。这些行为通常不违犯法律条文，但违背了法律精神，有时甚至超出了法律允许的范围。

现在，并非所有人都同意一个前提——金融系统实际上是一个竞争激烈的市场。创办一家银行要比创办一家餐馆困难得多，一家银行不仅需要高昂的启动资金，至关重要的是还得有政府机构的允许，相关证件通常很难获得。要创办一家对冲基金，需要拥有一些富有的大客户、有自己的专有策略以及足够的启动资金。保险业也受到了严格监管。换句话说，从理论上讲，金融行业门槛很高且有一定程度的市场集中度，看上去不是竞争市场。

然而，在现实世界中，从实际运行和地缘的角度来看，金融行业的竞争非常激烈。自 20 世纪 60 年代后期以来，技术为金融交易增加了活力，并大大扩展了金融机构的活动范围。这些新变化给金融行业的老玩家带来了压力。现有银行之间竞争激烈，还面临着来自该行业新玩家的挑战，如今一些新兴金融机构提供了一系列从前只有银行才有特权提供的金融服务和产品。从地缘角度来看，国家监管的崩溃和新兴市场经济体的崛起使得金融机构数量增加、业务范围扩大，金融机构呈现出跨区域、跨时区、跨资产类别的复杂局面。

1997 年，美国联邦储备委员会前主席保罗·沃尔克注意到了这种激烈的竞争。沃尔克指出，即使行业内竞争激烈且这种激烈程度还在加重，“金融行业前所未有地利润丰厚”。这后来被称为“沃尔克悖论”，指商业银行的激烈竞争和高利润率竟能共存。[4] 为什么这会引起这一代经济学领袖人物的困惑呢？

为了解决“沃尔克悖论”，并理解凡勃伦的破坏理论，我们需要了解盈利的两难境地。

盈利困境

研究这个问题最好从一个切入点开始，这一点通常会在经济学初级课程的第三周或第四周教授。在学习了竞争市场中的定价机制以及追求效用最大化的消费者行为之后，接下来是“完全竞争下的市场均衡”。学生们学到的是，企业几乎不可能在完全竞争的市场中获利。

这是经济学中最大的讽刺之一。这一理论告诉我们，市场改革是为了追求更高的效率和个人财富。但实际上，尽管经济主体主要的动力是挣钱，但在一个运行得很好的市场中，他们根本不赚钱。1941年，乔·贝恩在其研究中写道：“在纯粹竞争的市场中，由于自由进入和竞争性购买，所有公司的长期均衡回报应该只够支付员工工资、偿还银行利息和承担房屋租金。”[5] 换句话说，在高效、开放的市场中，企业很可能利润微薄，仅足以维持基本生存。如果这一理论正确，那么对企业来说这显然是一个问题。

毫不奇怪，许多聪明人都试图理解市场经济如何在赢利能力不强的情况下继续运行。难道是因为企业里都是乐观的人，他们看不到自己的努力是无效的吗？凡勃伦认为不是这样的。他称这些人为“买卖专家”，他们不相信市场，当然也不相信市场竞争。相反，他们相信市场控制——通过一切可能方式控制市场。

很久之后主流经济学家才得出了大致类似的结论，尽管他们礼貌地想回避任何“破坏”之类有负面含义的术语。在此基础上，两个想法应运而生。一个来自诺贝尔奖得主肯尼思·阿罗。在研究市场本质时，阿罗认为，传统经济模式是有缺陷的，因为他们认为公司是被动代理人，“每个参与者……应该按照给定的价格来定价，并相应地做出购入和卖出的选择”。[6] 他说，实际上，市场参与者不是被动的，他们试图在市场上影响或者决定价格，而不只是被动地接受价格。

他们如何做呢？经济学初级课程的学生可以很容易地寻找到合适的策略。在课程的第五周或第六周，他们会学到，成为市场上的唯一供应商，也就是垄断者，就可以主动影响甚至决定价格了。市场参与者寻求垄断以实现对消费价格一定程度的控制。如果无法实现垄断，企业可以尝试另外一种技巧——它们可以聚集起来接近垄断。这样，它们就会获得经济学中所谓的“超额利润”。[7]

规模经济也是一种与大规模相关的经济形式，我们不要将其与垄断相混淆。规模经济指从大型机构中获得更高的效率，其背后有一些实在的原因。比如，规模经济可以帮助企业降低单位成本。业务复杂的大型企业集团就是这种情况。我们可以通过化妆品巨头欧莱雅集团的例子来了解操纵市场与规模经济之间的区别。在药店或百货商店的货架上，欧莱雅的产品在指定展台上出售，且位于美宝莲、妙巴黎和薇姿的产品旁边。但欧莱雅集团拥有大部分看似是其“竞争对手”的品牌，包括兰蔻、乔治·阿玛尼美妆、赫莲娜、思妍丽、薇姿、美宝莲、理肤泉等。因此，欧莱雅能够承担高昂的研究和设施成本来支撑不同品牌的产品。换句话说，欧莱雅成功地利用了规模经济的积极效益。至少我们经济学初级教程的教科书是这样写的。

实际上，欧莱雅是通过兼并和收购来实现规模经济的。同时，在收购不同细分市场的竞争对手时，欧莱雅还获得了规模经济以外的东西。通过不同的品牌策略，欧莱雅可以控制薇姿与美宝莲，或者兰蔻与赫莲娜、阿玛尼美妆的价格竞争程度。

在经济学理论中，追求“效用最大化”的消费者被认为能够基于质量和价格在这些竞争品牌之间做出理性选择。但是，这些品牌的母公司欧莱雅集团采取了一些战略和战术措施，使得消费者没有了自由市场的决策环境，欧莱雅拥有行业中众多参数的决定权。欧莱雅集团虽然并不拥有所有的化妆品品牌，但当一个新品牌获得了一定数量的客户之后，欧莱雅有能力（借助银行贷款）收购这个品牌。这符合经典的维布雷宁模式理论，欧莱雅“破坏”了竞争对手、客户和市场本身。

第二条控制价格的路径更有针对性。从理论上讲，盈利困境的解决方案可能不在于市场本身的结构，而在于市场行为的具体细节。这个想法源于哈耶克的亲市场理念，基于临时性不平衡的概念。该理论认为，通过产品或服务创新，并且通过专利和知识产权规则来进行产品保护，[8] 企业可以在新创的市场中实现临时垄断。因此，一些自由市场经济学家得出的结论是，只有通过创新才能在竞争激烈的市场中获利，而创新是一个需要培养和鼓励的过程。

关于这一点，很多书、网上的很多文章都给出过建议，例如量化的方式，即利用金融工程和科学管理来精确实现竞争优势和高额利润。在商业研究领域，盈利困境可以通过战略行动来解决。凯斯·沃德著有一本非常受欢迎的书（现在已出版至第四版），提供了一个典型的解决方案。

> 为了创造这种价值，公司必须开发并利用一个或多个可持续的

> 竞争优势，这将使其能够持续获得高额利润。现如今，大多数可持续的竞争优势是实施了正确营销策略（例如品牌建设、客户忠诚度建设、市场细分）的结果。[9]

这个观点很巧妙。如果能让人信服，那就更有说服力了。

市场的组织中有什么能够确保企业只需要关注创新，不用理会维布雷宁模式下的“破坏”工具？什么也没有，确实如此。只有国家（哈耶克斥责和蔑视的政治实体）才会尝试阻止“破坏”活动。自由主义者马上就会指出，政府官员一心寻租，经常腐败（也就是说，他们被这些自由主义者所支持的自由企业腐蚀了）。相比之下，新自由主义者提倡的自由市场在某种程度上确实是鼓励创新的。然而，实际上，市场越自由，管理就越宽松，破坏的范围就越广。

无论有关竞争的理论或实际论点是什么，有一点是显而易见的——没有企业希望在竞争市场中接近均衡点。“一个好的竞争者将竭尽所能增加收益，可能会极力讨价还价以争取更好的交易价格，一旦有利可图就进行产品创新甚至信息造假。”[10]

托斯丹·凡勃伦的商业世界

那么，企业如何在竞争激烈的市场中赚钱呢？通过“破坏”——凡勃伦对于这个无人问津的话题提供了一个大胆的答案。凡勃伦的措辞并不科学，然而，我们还是将他当时的用词纳入了经济理论。凡勃伦的思想很深刻，这不仅跟商业机会主义相关。要充分理解这一理论更深刻、更长远的意义，我们需要回顾一下经济学中一个长期存在的争论，即分析学派和历史学派的争论。

直到今天，经济学仍然由分析学派主导。这种学派主张用自然科学的实验模式进行经济研究。大多数经济模型的基本假设都很简单。由于无法将真实的经济生活搬到实验室里，我们可以通过思维将现实世界抽象和概括成一个逻辑链。因此，在思维过程中，我们可以参考季节性农贸市场，将经济抽象为“市场”。市场是一个聚集场所，买家和卖家在此碰面、讨价还价并达成交易。在这个思维过程中，经济主体是一个同质化的群体：他们以自我为中心、理性、追求“效用最大化”并且厌恶风险。一方面，银行家或制造商寻求以尽可能高的价格出售，从而实现利润最大化；另一方面，买家（消费者）也以自我为中心，总是追求“效用最大化”，他们希望用最低的价格购买工业品或者金融产品。

从根本上说，经济理论抽象出来的市场呈现出去中心化的民主，每个人都有平等的投票权。抽象出的市场和现实中的市场进行碰撞，引发了一系列问题，经济理论就这样发展着。随着时间的推移，经济理论逐渐能够协调一系列复杂的争论并且能够对核心假设进行微调。

凡勃伦可能会同意个人或企业以自我为中心、热衷于最大化利润和最小化成本的观点，但其基本分析方法不同。其理论不是来自对抽象个体及其可能行为的假设，而是来自对企业和企业部门具体行为的观察。凡勃伦不是一个经验主义者，他不会直接研究这些公司。其想法主要来自一系列精辟的国会调查报告，这些报告涵盖了 19 世纪末和 20 世纪初刚刚起步的美国企业经济中的商业行为。

通过深入研究这些报告，凡勃伦发现商业界两个群体之间的关系日益紧张。一方是不参与公司经营的大公司所有者和主要股东（凡勃伦称他们为“缺席的所有者”）。另一方是实际经营公司的“经理人”和“工程师”。凡勃伦指出，这两个群体有着不同的抱负，为公司做出了不同贡献，并且对业务性质抱有不同看法。这些差异是“缺席的所有者”和“工程师”之间冲突的核心。

对于凡勃伦来说，工程师和经理人在现代资本主义中发挥了独特的积极作用。他们发明并完善了制造和分销技术，使得人类不再完全受制于变幻莫测的大自然，这是史无前例的。但他也观察到，19世纪晚期，大企业在美国资本主义中越来越有决定权。新公司和工厂由企业主或“行业领袖”控制，并与摩根大通、洛克菲勒等大型金融公司合作。“行业领袖”对他们所售产品的细节知之甚少，他们没有管理或实践技能，也不关心企业的日常运营。

那么摩根大通、洛克菲勒等金融机构以及这些“行业领袖”究竟为企业带来了什么呢？凡勃伦的答案是，很少。它们是“交易撮合者”“买卖艺术家”。这些“行业领袖”（商人）所处的经济环境并不是经济学家抽象出的“市场”。相反，它涉及真实有形的客户或潜在客户、其他企业以及各州和联邦的监管机构和立法者。凡勃伦推断，这些企业或其他商业主体会为了超过竞争对手或者保证自己在客户、潜在客户和市场上的优势采取一切必要措施。凡勃伦指出，“一切措施”包括创新、重组、效率提升，也包括阻碍、对抗、欺骗、损害其他主体甚至动用武力。它们“倾向于不断收购，通过精明地控制产量来达到这一目的”。[11]“垄断组织的目的不是提高效率，而是限制竞争，手段包括并购或者压制竞争企业，其中难免会涉及一些不道德的做法。”[12]

简言之，“行业领袖”专精于破坏。

知识、权力和他人的钱

托斯丹·凡勃伦不是站在金融界这一边的。他批评那个时代的新资本家，银行家也是他的质疑对象。他认为他们只是“价格、利润和金融运作的专家”，他们盗取了现代工业中富有创造性和创新性的一些成果。他写道：“他们并不掌握行业知识，却作为行业领袖行使决定权。”[13]

同时，凡勃伦还指出，金融业的日常运作正在日益规范，因此，他认为财务“最好由受过培训的会计师来担任”。[14] 金融服务的标准化似乎与大型银行集团的巨额利润形成了鲜明对比。凡勃伦认为，随着金融行业日益标准化和规范化，大型金融机构的控制力以及它们取得的巨大利润并不是因为它们有敏锐的商业嗅觉。金融家的成功是利用了该行业的巨大规模经济，也是乘了社会和市场扩张的东风。“因此，公司中的财务人员可以不用怎么努力就看着公司收入增长。”[15]

不仅如此，还有另外三个因素使得金融在现代社会中特别具有破坏性。第一，金融行业是用别人的钱来赚钱，[16] 1914 年出版的一本著作的标题也在暗示这一点。[17] 所以，金融公司和客户之间有一个不可调和的矛盾：客户收益越多，金融机构收益就越少，反之亦然。当然，聪明的金融机构会考虑到长期利益，照顾客户的利益（否则客户就会抛弃它们，转而投身其他机构）。但凡勃伦认为，有证据表明金融公司还是相当短视的。一些金融公司只想赚快钱，不考虑和客户的长期合作关系。本书接下来会讲，我们所处的时代和凡勃伦那时候相比并没有太多变化，对于金融行业来说，通过损害客户利益来获利仍然非常有利可图。

第二，由于金融机构是用别人的钱来赚钱的，它们总是希望掌控尽可能多的资金。它们控制的别人的钱越多，可能获得的收益也就越多。原则上，要玩这个高赌注游戏，你可以用自己的资金。

第三，对于美国这样的大型经济体而言，自有资金往往不足。要想在这场高风险的游戏中成为一个有分量的玩家，你需要掌握相当一部分资源。因此，通过控股公司达成的金字塔式结构被采用并被不断完善。

这种结构可以被简化为图 1.1。在三层金字塔结构中，可轻松利用 1.3 亿英镑来撬动 10 亿英镑资产。

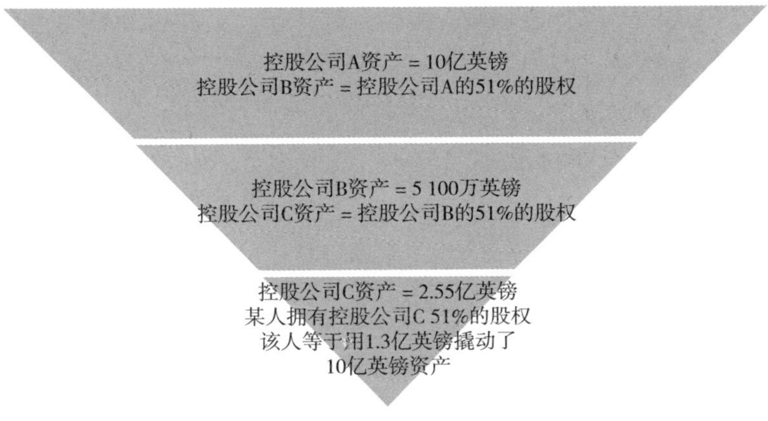

图1.1 所有权与控制金字塔结构1

在更复杂的模式中，玩家还可以加杠杆，利用贷款和债券来玩这场资本游戏。在三层金字塔结构中（见图 1.2），玩家可以用 500 万英镑轻松撬动 10 亿英镑资产。这种做法非常普遍。据估计，在 20 世纪 20 年代，摩根大通控制着美国 1/4 的工业资产。[18] 总统和政府也会和一些金融机构联合，来对抗其他金融机构。这些银行家创造了卡特尔、托拉斯和辛迪加来维持产品高价，利用其财力威胁和强迫竞争对手，还试图增强其政治影响力。[19] 这种金字塔结构使得金融家和股东在美国经济中的影响力巨大且广泛。

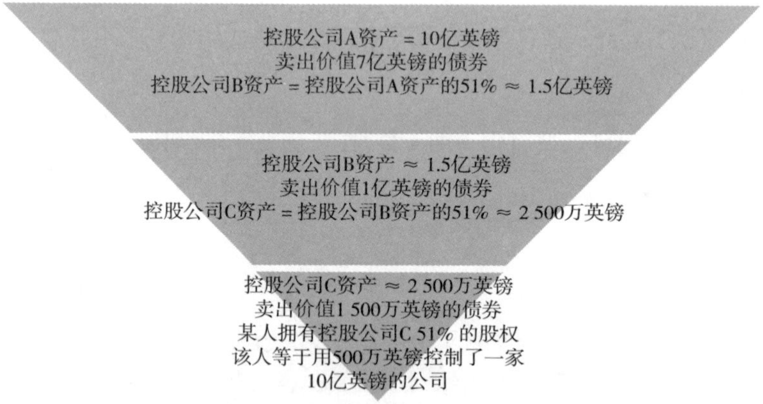

图1.2　所有权与控制金字塔结构2

因此，杠杆和控制成为银行家损害其他主体利益的工具。银行家通过杠杆连接实体企业，如果他们掌握了实体行业的专业知识，这些破坏工具的力量就会被进一步放大。“银行家占据了资本主义制度的前沿阵地。由于和客户关系密切，他们很容易全面了解客户和业务。”[20] 例如，摩根大通的银行家们担任了 167 家行业公司的董事。[21]

通过控制大量资产，并持续参加相关活动，银行家得以了解行业知识。他们利用这些知识了解这些公司的运行状况，包括市场情况、垄断情况和组合的可能性，以及是否有机会进行破坏。“通过了解目标公司的大量财务细节、债权、债务、虚假贷款”，海盗（这里指约翰·皮尔庞特·摩根）和他的副手“按自己开出的条件”下达命令，令人无法抗拒。[22]

1932年，参议院银行和货币委员会成立，该委员会也被称为佩科拉委员会。这一委员会旨在调查1929年金融危机的原因，投入了很多人力财力研究“杠杆作用”，控股公司的金字塔结构被视为1929年危机的关键因素。佩科拉委员会的结论是，大型金融机构对这些公司的日常运营并不感兴趣。委员会直接和小约翰·皮尔庞特·摩根讨论了这个问题。调查报告的作者写道：“很难相信摩根大通的员工能够在167个行业公司中充分行使董事职责。”小约翰·皮尔庞特·摩根证实了这一点。正如他告诉委员会的那样：“管理公司是高管的职责。董事会的职责不在于管理公司，不在于懂得公司的运营细节。”[23]

如今，将近一个世纪过去了，情况依旧如此。本书后面将会讲，高杠杆率和规模经济仍然是现代金融中最常见的破坏术。

凡勃伦的破坏理论是他所处时代的反映。对他来说，破坏基于两方面的冲突，一方面是缺席的所有者（大股东）和金融机构（使用金融工具来控制企业）之间的冲突，而另一方面是工程师和企业经理人之间的冲突。他认为，大型金融机构里的这些缺席的所有者是买卖和破坏的专家。他们通过金字塔结构来运用自己的权力，获得对控股公司的掌控。他们参与公司业务不是为了改善企业的日常运营，而是为了学习商业战略，了解行业弱点在哪里，以及在哪里进行攻击和破坏。为此，他们充分利用了自己强大的行业地位和对他人资金的掌控。

新自由主义者

20 世纪 70 年代出现了一个对于盈利困境的新解答。这些是新自由主义者提出的，他们也是路德维希·冯·米塞斯和弗里德里希·哈耶克的追随者。与其他经济学家一样，自由主义者承认在竞争市场条件下存在盈利困境。然而，他们认为这些问题可以转化为积极解决方案。由于盈利困境，成功的企业（包括金融企业）别无选择，只能进行创新和变革。创新越多，他们对经济增长和社会福利的贡献就越大。竞争激烈的市场是一股强大的力量。

在 20 世纪 70 年代，经济增长呈现低迷状态，自由主义者获得了很多支持者。他们的竞争创新理论似乎可以解决滞胀难题。他们认为，让竞争发挥作用，形成自由市场，释放创新的力量，问题就可以得到解决。[24] 凡勃伦拥护经理人和工程师，自由主义者却对经理人和工程师表示质疑。他们的质疑背后有逻辑支撑。经理人只关心企业和行业现状，所以官僚主义严重，接受变革的速度很慢，他们与工人组织勾结，希望使得管理更加轻松。经理人希望找到一个可以终身就业且轻松的工作。对于自由主义者来说，经理人是经济问题的罪魁祸首，他们削弱了竞争，扼杀了创新，阻碍了行业进步。

但是，自由主义者指出，股东（凡勃伦称之为“缺席的所有者”）对创新持不同态度。股东没有参与企业的日常运营，也没有机会与工人勾结。股东只对利润感兴趣，并不关心工人和经理人的工作舒适度。自由主义者提倡一种追求短期利润的制度，向美国资本主义引入“股东价值”。回报周期越短越好，因为股东价值会引发市场的激烈竞争。自由主义者认为，在竞争性市场中，企业不得不进行创新和变革。股东价值是积极的，市场追求利润，贪婪无可厚非。

这一论点很快引起了一场监管和政治上的风波。支持凡勃伦的人认为哈耶克及其追随者忽视了一个关键点。无论是在工业还是在金融方面，企业主和股东都没有进行任何创新。他们的心态、思维习惯就是要去破坏。自由主义者希望通过股东价值引入短期主义，认为股东会逼迫经理人和工程师进行创新，但支持凡勃伦学说的人认为，新自由主义只会导致大规模破坏。自由主义者认为，放松管制会减少官僚主义的“繁文缛节”，这对创新来说是有利的。凡勃伦的追随者却认为，“解除管制”意味着资本和金融系统中可以防止“破坏”的机制也被解除了，不可避免地会对客户、竞争对手、政府以及整个系统造成恶劣后果。

全球化

尽管之前有过一些类似的提法，但在20世纪90年代，人们提起破坏的频率明显地提高了。20世纪20年代至30年代，凡勃伦首次提出了一些破坏技术，到了90年代，学术研究以及金融专业人士的回忆录也开始提及这些内容。[25]商业银行受到了更多关注。在发放和监控贷款的过程中，商业银行得以了解一些外部投资者不知道的客户信息。一些研究报告称，许多商业银行承销它们明知道有问题的证券，然后利用这些问题证券的收益来补足它们发放的贷款。通过这种方式，这些银行得以通过新发行证券，从外部投资者身上攫取利益，来维护自己的利益。[26]

大约60年前，美国国会佩科拉委员会举办的一场听证会记录了类似事件。为了避免上述做法，1933年颁布的《格拉斯–斯蒂格尔法案》禁止国家银行直接或通过附属机构从事证券活动。但在1987年，《格拉斯–斯蒂格尔法案》中的某些条款被放宽了，第20条允许一些银行（例如摩根大通和信孚银行信托公司）设立承销证券的子公司，只是同时设置了一道“防火墙”，不允许与母银行进行任何通信。后来人们提议进一步放松管制。

随后，20世纪90年代发生了无数利益冲突案件。投资银行寻求利润丰厚的承销业务，有时会和发行人勾结，让发行人撰写有利的分析报道。“分析师研究部门受到投资银行的影响，分析师薪酬通常由投资银行的业务甚至是特定的一些交易来决定。”[27]换句话说，不管是投行还是外部咨询公司的研究人员和分析师，都倾向于罔顾事实，出于利益关系做出有利的商业评估。

另一个冲突案例是财务顾问和投资基金。财务顾问应该以满足客户需求和利益为出发点，提供不带偏见的建议。但在通常情况下，为了争取更高的佣金，他们会引导投资者投入成本更高且伴有不必要风险的产品。[28]同样，住房抵押贷款顾问不出售住房抵押贷款就没办法挣钱。即使他们知道客户在办理住房抵押贷款后会陷入困境，或者他们知道客户可能还不起，住房抵押贷款顾问仍会说服客户办理住房抵押贷款业务，并帮助他们优化申请，使抵押贷款公司能够发放抵押贷款。意识到这种利益冲突后，抵押贷款公司设计了将抵押贷款转交给他人的机制。凡勃伦在金融资本主义初现时期对“破坏”进行了分析，由于监管政策放松，加上复杂金融工程手段的出现，这一概念成了现代金融体系的象征。尽管社会变化巨大，但破坏仍然是 21 世纪金融业务运作的核心原则。

凡勃伦撰写了一些关于工业领域破坏的文章，重点关注 19 世纪末和 20 世纪初的商业世界。今天的金融市场与凡勃伦时代的金融市场截然不同。随着时间的推移，金融体系中的破坏形式发生了变化。然而，其基本原则仍然不变：如果你想赚钱，赚真正的钱，你就需要在金融层面找到破坏客户、竞争对手或政府的方法。如果你足够强大，你甚至可以同时破坏这三个主体。

02

谁也逃不了：“破坏”行为和债务循环

在电影《商海通牒》中，保罗·贝塔尼扮演的银行高管威尔·艾默森向一位年轻的同事（这位同事即将在金融危机中失去工作）这样解释银行业务：

> 如果人们想过上不付钱就开上豪车、住上大房子的生活，那你的工作就是必要的。正是因为我们的支持，他们才能继续像国王一样生活。如果我们不存在了……这整个体系就会轰然倒塌，被夷为平地。他们嘴上说着面对事实，但是没有人承认。他们既想要我们给他们的东西，又想装无辜，假装他们不知道是如何得到的。这太虚伪了，我都看不下去了。[1]

艾默森不是一个伟大的理论家。一个世纪前，凡勃伦描写了一个“大格局”的商人，艾默森可以被视为其化身。尽管艾默森对于银行向客户出售的复杂金融工具缺乏深入了解，但他可以像外科手术一样精确地指出一些真相，而这些都是在学术论文或行业中畅销的回忆录中找不到的内容。艾默森知道社会需要像他这样的人。

在金融体系的运作框架中，像艾默森这样的人确保将我们的个人债务汇总到信贷流动体系中，从而促进经济运行。他们利用复杂的金融炼金术，维持着大量债务的流通，这是现代经济的核心。所有的人和组织形态，包括家庭、商户、政府、企业，都是经济中的动力粒子。然而，我们不了解中央债务，不知道它是如何被创造、如何被交易的，也不知道艾默森的实际作用，不知道他们对我们的日常生活有什么影响。

这是一些教条主义和政治因素的结果。我们对债务的大部分知识来自鲁滨逊·克鲁索经济学框架中的债务理论。在这个框架里，债务是一种经济类别，是一种个体化的财产，是从其他人那里借来的必须偿还的一定数量的金钱。借款的个人最终负责偿还债务。由于债务必须偿还，债务人将来的可用资金将会减少。我们现在借得越多，我们从后代那里拿走的就越多。一般来说，人们应该减少债务。纵观历史，围绕这一特定的债务理论建立了一个复杂的体系。[2] 该学说并非完全错误，但也不完全正确，可能会产生一些误导。

本章的观点是，随着债务性质的改变，社会越来越依赖金融来推动债务循环，金融已经在社会中占据了独特地位。苏珊·斯特兰奇是一位伟大的金融评论家，她称这种观点为“结构性权力”。[3] 威尔·艾默森及其同事知道如何利用职位之便，损害周围人的利益来为自己牟利。

为什么会这样呢？

未来性

理解现代债务复杂性的最好方法是思考经济学的一个核心问题：金融市场能创造财富吗，还是说金融市场只负责财富转移？

对于这个问题，教科书给出的答案是，金融市场将资本转移（或分配）到经济中投资不足的部分。这意味着，金融本身并不能创造财富，真正的财富是在其他地方创造出来的，来自人们在实体经济中卖力的劳动。金融的作用是为实体经济、生产性活动甚至整个社会提供服务，金融体系需要给创造财富的人分配必要的资金，同时拒绝向不太可能创造财富的人提供资金，这种服务在社会中十分重要。

这一理论得到了有效市场理论（EMT）的支持。1970年，尤金·弗朗西斯·法玛（维基百科称他为"金融之父"[4]）在一篇经典文章中指出："资本市场的主要作用是分配经济资本的所有权。"他说："当价格总是'充分反映'可用信息时，这个市场被称为'有效市场'。"[5]反过来，为了充分反映可用信息并实现其有效分配资金的核心服务功能，金融市场应尽可能免受外部干扰。

直观地说，如果金融只是一种服务的话，这是有道理的。但这是错误的，这属于"旧经济学"的范式。[6]旧经济学基于这样的假设：金融市场在借款人和储蓄者之间转移的资本已经存在，是过去经济活动累积而成的产物。例如，木匠制作桌椅，然后在市场上销售，把赚到的钱存入银行，然后银行把这些资金借给借款人。所以银行扮演的角色就是储蓄者和借款人之间的中间人。法玛告诉我们，在自由竞争的市场中，资金的分配将尽可能高效进行。

这种观点可能只适用于部分情况下的某些类型储蓄，但对大多数发达资本主义经济体而言，资本配置的顺序不是这样的，而这种顺序的差异很重要。实际上，金融系统没有耐心等待储蓄累积，而是希望尽快开始资源分配。只要能够发现新贷款机会或创造新资产，银行和金融市场就有了新资本。

实际上，金融系统并不分发资源，但由于缺乏更好的描述，从字面上看，它是创造了资源。当今金融市场的主要功能是确定可转换为经济资产的活动（确定可产生收入的活动），并使这一新的金融资产得以创造（通过对此活动进行定价和促进市场流通）。银行凭借借款方未来的收入流水来创造新信贷。这需要确定企业或者借款人的信誉，还要确定远期经济活动的收益情况，而跟过去的经济状况没有必然联系。相反，它们与潜在借款人、资产或市场的期望安全性有关。或者，正如约翰·罗杰斯·康芒斯所说，跟未来性有关。

几个世纪以来，金融已经发展出了复杂的机制，能够用未来的收入来赚钱。这些机制演变成了未来经济学。在未来经济学中，信用或债务不是简单地从一个人转移到另一个人，新的信贷额度来自未来。如果苹果承诺明年发行新一代 iPhone，那么苹果现在就可以借入下一代 iPhone 产生的收益。事实上，苹果公司可以借用接下来的两代、三代或更多代 iPhone 产生的收入，这种信贷额度可以立即被批复，不用等到下一代 iPhone 发售。

借用未来（英语中 future 一词既有“未来”也有“期货”的意

思）的概念并非经济学所独有。物理学中物质和反物质也是未来的概念。就像物理学一样，这个过程非常复杂，向未来借贷不是一件简单的事。实际上，要想精确地评估未来，需要很精深的技术和基础知识，需要有专业知识和勇气在许多活动部分之间进行协调和平衡，还需要一定的启动资本。向未来借贷和偿还的活动需要由守门人来进行协调，这就是威尔·艾默森在金融系统中的作用。协调工作越复杂、技术要求越高、越不透明，就有越多的机会去破坏客户、政府或者其他同行。

未来的历史

那么，这个未来性系统是什么？它是怎么来的？未来性的历史可以追溯到很久以前。在农业和贸易的早期，人们就利用信贷创新来抵御未来风险。[7] 在古代中东，人们承诺用白银和芝麻种子支付（购买）或按照未来的利率偿还贷款。人们发现了古代美索不达米亚、希腊化时期的埃及以及罗马帝国时期刻在黏土片上的贸易合同。这些合同通常是私下谈判用的，很多都没有被记录在案。通常，那些黏土片上都没有落款，这表明当时的人没有意识到这些黏土片作为金融工具的重要性。[8]

历史学家认为，这种远期金融衍生品沿着早期交易和迁移路线传播。文艺复兴时期，远期合约在欧洲激增。[9] 随着时间的推移，社会需求增长，远期合约变得更加复杂。例如，农民在种植季开始时播种，在结束时收获。然后他们将产品推向市场并将其转换为现金。因此，农民的投资几个月后才能获得回报。对于贫穷的农民来说，这几个月是至关重要的，恶劣的天气或虫害会毁掉收成。在种植季之间，农民承担投资成本和风险（作物质量和之后的价格）。

在这一点上，金融家就发挥作用了。他们会买下未播种的未来作物，从而将一些投资和风险从农民手中拿走。农民将与金融家签订合约，在种植季结束时交付作物。债权人还经常借钱给农民来进行投资。渐渐地，农业通过这种远期金融衍生品合约机制实现了商业化。

其他行业也有类似做法。大约 10 世纪，出现了针对海洋或土地的企业商业合同，即命令。在航海业中，一个合伙人筹集资金，另一个合伙人就负责这趟航海的行程。许多此类合同可被视为商品远期合约，"冒险者"购买特定商品以换取投资资本。[10] 这种面向未来的工具是至关重要的金融创新，因为它们可以帮助人们管理与贸易和农业活动相关的不确定性，并且确保通过贷款投入的资本被用于农业、贸易或者海洋探索等经济活动。

没过多久，现在所谓的"二级"市场或证券市场就出现了。在早期阶段，购买这些期货合同的交易商坚持交付货物，他们把这些货物存储起来或者用于交易。然而，随着时间的推移，他们意识到这不必要。他们发现可以脱离产品本身，持有并出售这些远期金融合约。这些合同实际上是独立的金融产品。金融家会捆绑出售这些远期合约，从而分散与此类合同相关的风险。这些合同的拥有者，无论是合同的原始当事方还是二级市场合同的买方，都对未来的一些收入（比如，小麦收成将会产生的收益）有索赔的权利。

期货合同与金融利益的提升和扩散将催生巨大的制度变革。随着合同、实物产品、农作物的运作市场被抽象化成可交易的金融"资产"，产权交易就兴起了。交易员不再持有产品，一方面，他们意识到没有必要；另一方面，随着时间的推移，他们将合同本身和财富联系起来。过去几个世纪以来，财富都是有形的（体现在小麦、土地、玉米或外来香料中），但现在已转化为一个完全抽象的概念：合同。

这标志着我们认知和实现财富的方式发生了重大变化。几个世纪以来，稀有金属是有形的财富象征。就像伟大的中世纪学者约翰·赫伊津哈告诉我们的那样，菲利普三世的财富放在沉重的金盒子里：

> 菲利普三世知道其中的政治隐喻。为了使荷兰人和弗里斯兰人相信他有能力征服乌得勒支的主教，1456 年，他在海牙的庆祝活动中展示了价值 3 万银币的宝贵金属板。每个人都可以来观赏。除此之外，他还把从里尔带来的 20 万只金狮子放在两个箱子里，在场的人可以试着抬起这些箱子。国家偿付能力的证明采取了公平娱乐的形式。[11]

随着新金融工具的发展，财富现在可以用符号来表现，所有权可以以合同的形式来体现。一个富人可以用办公桌上的一堆合同来证明他多么富有。这些期货合约意味着这些合约的拥有者对未来收入有所有权。简单来说，他们可以声明对未来小麦收成产生的收益的所有权。或者说，金融衍生品的所有者可以表明他们有权要求对未来索赔。例如，如果一蒲式耳小麦的销售价格达到一定水平，他们就可以获得所有收入。如果价格高，他们会赚很多钱；反过来，如果价格很低，他们可能会亏损。通过投机买卖，他们创造了对未来合同的需求，确保了期货合同中的主要交易者拥有更多可用于购买农业和贸易合同的资金。反过来，这意味着农民和贸易商从这些主要贸易商那里获得了更多的信贷。

这也标志着一项真正重大的转变——欧洲经济开始逐渐走向资本主义。[12]

制造业时代的未来

随着技术发展以及制造业在经济中占据中心地位，金融产品也在不断发展。原则上，买方可以购买"未来"的工业品，即尚未制造出的产品，但这并没有多大意义。银行向制造企业提供贷款，相信它们会通过向市场出售产品来获得回报。然而，它们并不是投资在产品上，而是投资到制造实体上，即生产产品的公司。同样，买家更感兴趣的是购买企业的股票，就像 17 世纪东印度公司这样的交易商一样。购买企业的股份就是购买了对该企业未来收入流的债权。

利用未来的收入获取信贷的思路已经成为现实。银行或个人投资者根据各种因素评估制造单位未来收入的潜力，这些因素包括机器的质量、市场的性质、组织的有效程度，以及是否拥有独特技术、公司是否有能力获取一定数量的客户，在其中创造追随者。投资者会继续关注制造业单位的整体情况，他们称之为"持续关注"。他们认识到，除了有形资产，无形的资产也值得持续关注，比如知识、技术、知识产权、组织能力、声誉、企业文化等。

这些部分也被称为“商誉”。在很短的时间内，一个公司的商誉开始在很大程度上影响其所获投资。例如，1901 年美国钢铁信托基金成立期间，其 14 亿美元资本的一半要归功于其良好的商誉。事实上，1907 年高盛公司就先于美国大多数家族企业意识到了“商誉”这个概念的价值。他们进行了一次游说，想说服这些家族企业在首次公开募股的时候将“企业价值”这种商誉转化成资本。从字面上看，“商誉”和“持续关注”的概念可以使得企业从银行或个人那里获得更多的资金。

在发展的早期阶段，即 19 世纪 80 年代和 20 世纪 20 年代之间，公司估值需要区分“有形”和“无形”的资产，区分公司拥有的实物或土地，以及更为抽象的商誉。公司将发行两种类型的股票：与这些公司的有形价值相关的优先股，以及根据公司的无形价值发行的普通股（有时称为创业股）。然而，从财务或商业角度来看，区别不是那么明显。制造业和服务业的公司都必须面对人员、材料、营销和交付等日常挑战。两种类型的股票之间的区别逐渐模糊，有形和无形之间的区别也随之消失了。

个性化的未来性：人即资产

根据企业的预期收益对其进行估值，使得美国资本主义的进程加快。19 世纪末，美国经济的增长速度是之前的两倍，甚至三倍。未来资本主义发展的下一阶段将在第二次世界大战后开始。在这一点上，未来的经济也将个人纳入其领域。

该过程遵循类似的逻辑。随着越来越多的人受雇于大型企业或政府，工作变得更加稳定，通常可以伴随终生。就像对企业保持持续关注一样，那些从事稳定工作的人员可以被视为未来收入来源稳定。抵押贷款、汽车贷款或信用卡形式的信贷可以抵销那些预期的未来收入流。从 12 世纪左右开始，现代国家体系开始成形，国家和政府开始承担债务。随着信贷的扩展，个人也开始承担债务。

几个世纪以前，银行通过为国王和王子提供资金来赚钱，现在，银行通过为公司和个人提供融资来赚钱。几十年的时间里，整个社会都被金融化了。20 世纪 40 年代末到 50 年代初期，美国资本主义的主要组成部分是私有制和自由企业，还有信贷。首要的信贷就是抵押贷款，即购买房屋的长期贷款。

不可避免的是，未来经济的发展会导致社会债务上升。信贷并非分配来的，而是在整个经济体中产生的，与未来收入相对应。基于对国家、企业和个人的贷款大量增长，抵御未来收入流的系统开始发展。但从本质上讲，债务仍然是债务，债务必须偿还，这个体系还是非常不稳定的。很快就会出现两个问题。

第一个问题是，如果每个人都在忙于借款，谁来偿还债务？第二个问题是，如果每个人都在预期的未来收益中借款，如果未来不像预期的那样乐观，那么接下来会发生什么？第二个问题的答案非常简单：当未来变坏时，人们不仅开始无法偿还资本，而且开始无法支付利息，经济就会陷入危机。20 世纪末和 21 世纪的金融体系是一个繁荣的循环周期，也不可避免地以金融危机结束。

未来、繁荣和危机之间的联系无疑很有意思。然而，在本书中，我们对第一个问题更感兴趣，因为它涉及金融系统中现代破坏机制的核心。如果每个人都向未来借贷，那谁来偿还累积的债务？答案是，每个人。具体的债务额度取决于你在系统中的位置。在金融体系的基础设施内，债务是循环的，有人购买债务以确保经济体系继续运行。不同类型的个人债务汇总成可投资证券，成为投资者购买的资产。反过来，债务偿还的等级反映了信用体系本身的等级制度：一些债务必须通过出售、收购资产或抵押品来偿还；一些被注销；有些是卖给那些愿意购买的人，有些由国家加以救助，对于一个重要的大型金融机构尤其如此。

金融炼金术将《爱丽丝梦游仙境》中红皇后的名言变成了现实：在现代金融世界中，我们必须尽可能快地运行，只是为了保持原状。正如艾默森所说，我们真正需要金融家做的，就是保持规模，确保我们尽可能快地运行，以便保持原状，如果想要成长，那么我们还需要加倍努力。金融业有一个术语是"金融创新"，我们将在下一章讨论。

生命和债务的循环

以蓬勃发展的住房市场为例，人们都希望拥有自己的家，大多数人只能通过住房抵押贷款来支付。出于若干相关原因，金融部门可以满足住房抵押贷款的需求。首先，政府鼓励和培养住房信贷需求。这为房屋借款人创造了一个市场，并有助于降低信贷成本。[13] 其次，银行家学会了评估个人借款人的风险状况，这项工作已经发展成一个行业。最后，近几十年来，这已成为一项至关重要的发展，银行通过将这些抵押贷款证券化，极大地扩展了抵押贷款供给量。与个人抵押贷款相关的风险被捆绑成单独产品并出售给第三方投资者。这需要通过在美国建立联邦国民抵押贷款协会（房利美）和联邦住房抵押贷款公司（房地美）等机构。

住房抵押贷款证券影响巨大。一方面，住房抵押贷款证券允许银行增加抵押贷款。它们可以通过向投资者出售这些捆绑证券，为其他类型的贷款腾出资金来实现这一目标。另一方面，抵押贷款的流动能在市场上系统性地创造更多需求（因为住房存量不会快速增长），从而导致资产价格上涨。

这是一个双赢的局面，至少看起来如此，因为大多数借款人的主要资产就是房屋，其价值在不断上涨。今天，在大多数发达资本主义国家，如德国和瑞士，住房拥有率达 60%~70%。在许多新兴市场中，中产阶级持续增长的首要标志就是房屋所有权份额的增加。平均而言，大多数人都有能力拥有房子，因为可以通过抵押贷款来获得支持。一般来讲，不仅仅是在盎格鲁 – 撒克逊经济体中，[14] 一般 25~30 年的优质抵押贷款仍然是最重要的金融创新。无论是否意识到，我们都深度参与了金融体系和资本市场的运作。

这种关系有许多政治后果，但很少被人理解。今天大多数慷慨激昂的金融评论倾向于关注这种权力游戏的供应（或卖出）方面。他们谈论金融市场的确定性和交易风险，这些风险助长了投机泡沫；谈论金融家如何利用国际监管不对称和关于金融产品的稀缺知识；谈论金融团体在很多地方的政治影响力。这些分析很有道理。然而，在通常情况下，对金融产品的需求（或买方需求），要么大家都觉得已经满足了，要么经常被忽视。[15]然而，金融产品的需求方，更准确地说，是需求方的变化，是过去几十年推动金融变革的最有力因素之一。

还有一系列看不见的、很少被讨论的因素影响着经济和社会对信贷及债务的需求。人口结构的变化是金融产品需求增长的最重要力量。人们寿命越来越长，也越来越富裕，专业理财的需求也就增长了。随着各州福利的广泛覆盖，即使是低收入和中等收入家庭也逐渐摆脱了对银行融资的依赖，更倾向于通过使用各种金融产品来保障未来的财务状况。相应地，全球财富与收入的比率急剧上升。[16]在西方经济体中，这一比率自 1950 年以来大约翻了一番，从占 GDP（国内生产总值）的 200%~300% 增加到 400%~600%。

2014 年，英格兰银行首席经济学家安迪·霍尔丹总结了这一新人口统计数据的影响。他指出，在全球范围内，约有 87 万亿美元的资产是被专业人士管理的。这个数字单拎出来也非常庞大，相当于一年的全球 GDP 或全球银行业资产的 3/4 左右。更引人注目的是，自 1946 年以来，资产管理规模（AUM）增长了近 5 倍。[17]盎格鲁 – 撒克逊资本主义国家在这一过程中处于领先地位，但大多数经合组织国家和许多新兴市场国家也有这一趋势。[18]

其他转变推动了债务型金融产品的需求增长。20 世纪，经合组织国家引入了强制养老金和强制保险，例如汽车保险。抵押贷款通常还附有人寿保险或房屋保险。管理这些养老金和保险产品的公司，也就是机构投资者，需要运用这些资金进行投资。它们虽然在大多数时候并不寻求高风险证券，但还是会寻求计息金融资产。机构投资者会购买创新型证券，而传统上认为抵押支持证券（MBS）是高质量投资产品。

这些需求变化的影响是双重的。一方面，住房需求的增长推动了抵押贷款的提供量，房屋价格上涨刺激了对房屋所有权的需求；另一方面，投资者对抵押支持证券（MBS）的巨大需求推动了市场的发展。从家庭角度来看，按揭是一种债务，随着越来越多的家庭承担越来越多的债务，监管机构开始担心债务经济的可持续性。但对养老基金的投资者来说，这些“债务”就是“资产”。作为一种收益性证券，它可以满足资产负债表的需求，也是客户进行储蓄的一种方式。

随着人口的日益老龄化，越来越多的储蓄被专业人士管理，机构投资者对这些资产的需求也越来越多。因此，一系列新情况赋予了现代金融新的特征。不断扩大的抵押支持证券市场为更多家庭提供了购房的机会，也使房价变得更高。市场相互联系程度更高，因此总体而言，养老基金及其客户（养老金领取者）是现在持续增长的抵押贷款市场的既得利益者。表面上看，这是一个双赢的局面（如果我们对以往发生的事情持乐观态度的话）。

我们可以把这个逻辑应用到工业投资上去。公司需要借钱来生产商品，借入未来的收入（通过贷款或发行债券、股票），然后雇用工人并将资金投入研发、生产和营销等环节。员工被迫以养老金和保险的形式储蓄一些收入。养老基金和保险公司购买债务工具，包括公司为生产货物而筹集的债务，以及抵押支持证券等。然后，公司因此可以借入更多资金，这个循环也在继续。

这样一个相互关联的市场体系在不断演变，演变过程非常复杂，有些是只有内行才能领悟的。就像艾默森对其年轻的同事所说的，它们的作用就是维持我们所享受的消费主义和生活标准。只要把债务转化为资产的循环继续存在，现代社会就会照常运行。但是，那些相互关联的市场只能在金融系统的帮助下运行，还需要像威尔·艾默森这样的人来维护。艾默森及其银行业的同事需要用信贷来判断公司未来收入的稳定性，只有收益有保障，这些公司才可以投资新产品并支付工人的工资。在基金管理中，类似艾默森这样的角色投资工人养老基金和保险，将人们的远期收入进行金融投资，或者放在我们的债务中（见图 2.1）。

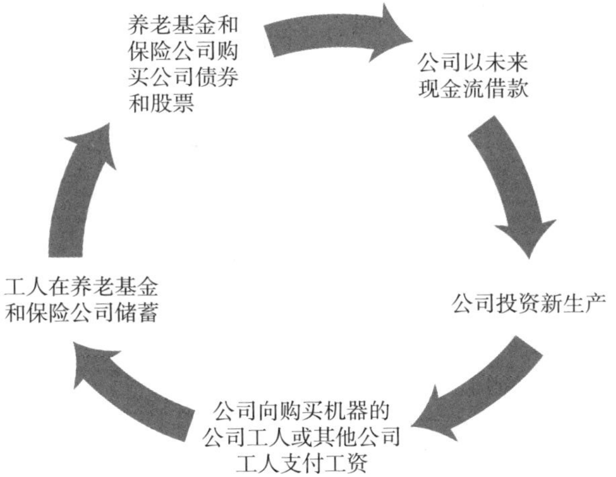

图2.1 资产－债务循环系统

现代金融不仅对接储户和借款人，它还在创造投资所需的资本和确保信贷转化为资产方面起着至关重要的作用，资产的需求似乎是无法满足的。由于信贷不是分配的，而是相对于未来产生的，因此出现了一种高度复杂、微妙平衡的经济体系。其规模比它原有的规模更大，始终超越自身，触及可能永远不会到来的未来。批评者经常将其描述为不真实、虚假、虚构甚至是寄生的经济。

保罗·萨缪尔森谈到了未来经济的谜团。他认为，考虑到一些简单而合乎逻辑的案例，“人们怀疑天体中有什么东西可以从公理中推断出，对未来的看法必须已经在当前的报价中被‘打折’……”。[19] 萨缪尔森是正确的。逻辑和数学并不能准确预测未来，向未来借贷可以朝着任何方向发展。情况可能变坏，就像它在2007—2008年、2000—2001年、1997—1998年、1994年、1987年、1982年、1971—1973年以及整个20世纪甚至更久以前反复发生的任何一次金融危机一样。当我们悲观时，我们看到前路充满了不利因素——许多假定的“资产”都会被揭露是违约债务，货币迅速蒸发。一项估计表明，在2007—2009年金融危机期间，全球约有50万亿美元的“财富”从市场中蒸发。[20]

因此，我们生活在一个逻辑上没有多大意义的经济体中。我们已经开始依赖未来进行现在的消费。然而现实是残酷的，我们无法保证未来会比现在更好。我们依靠威尔·艾默森这样的人代表我们对这个不可预见的未来进行单向“押注”。但在竞争激烈的市场中，威尔·艾默森不太可能赚很多钱。那么，他们为什么要为了我们的利益而尽可能地去保持规模？当市场不振时，他们怎么能确保我们还会享受这种消费主义和超前发展的经济？

有些东西必须舍弃，还有一些东西已经被舍弃了。一场浮士德式交易（为获得成功而不择手段）被敲定了。艾默森及其同事将利用一些行业技巧从中赚钱。但是，他们就做不到遵循“公平”的市场规则了。

03

金融创新中的破坏

电影《商海通牒》中的另一个角色叫约翰·富尔德，由杰里米·艾恩斯饰演，他是以美林的约翰·塞恩和雷曼的迪克·富尔德二人为原型塑造出来的。当他工作的银行发展到一个关键节点时，约翰·富尔德曾对董事会说："在商业中有三种生存方式：成为第一，比别人更聪明，或者作弊。"[1] 但如果我们不用三选一呢？根据约翰·富尔德的说法，可能这三种策略的结合才构成了金融业真正的制胜法宝。似乎确实存在这样的法宝，它与金融创新有关。

"创新"是一个很好的词。"新"可能是广告活动中最受欢迎的字眼。一直以来，创新推动着人类进步。内燃机的创新改变了人类的生活，当时的人们无法想象这一变化会有多大。电脑、智能手机以及大多数医疗方面的创新也是如此。我们对金融创新知之甚少，事实上，关于这一概念的学术文献也很少，而且大多数都是 2009 年之后才发表的。监管机构对"金融创新"下了一个宽泛的定义——在金融系统中引入“降低成本、风险或提供更好产品、服务、工具以更好地满足参与者需求的新事物”。[2]

基于这样的定义，谁又能抗拒金融创新呢？改善客户服务还能带来什么问题吗？然而，至少在金融领域，从某种程度上说，创新往往会酿成苦果，尤其是对那些受到“创新”损害的人。近期，还有一位怀疑论者认为金融创新等同于监管套利。[3] 换句话说，金融创新会破坏公共福利和政府监管。我同意这种说法。总结过去 40 年的经验，我们会发现，金融创新不仅损害了政府，还损害了客户和竞争对手。如果将约翰·富尔德在董事会上列出的三种品质融合起来，我们似乎就可以挣大钱了。

垃圾债券之王

20 世纪 80 年代早期，迈克尔·米尔肯发明了被人们称为“垃圾债券”的高息债券。垃圾债券被认为是 20 世纪金融业最重要的创新之一。其创造者迈克尔·米尔肯也因此成为业界名人。但最终，垃圾债券为米尔肯带来了牢狱之灾。

从表面上看，米尔肯的想法似乎无害。他不过是发现了一个机会，使得信用评级较低的公司能够摇身一变，轻松在市场上找到投资者。在那时，人们认为这些公司还款能力不强，因此它们筹集资金时的成本居高不下。米尔肯和这些信用评级低的公司合作，试图改变这种局面。他相信可以通过一种更具创新性的“结构化”方法来管理和资助这些“堕落的天使”。以前，这些公司信用评价低，意味着它们需要支付更高的债券利息。从传统上讲，高收益必然意味着高风险。但是，米尔肯方案的亮点在于，他认为可以通过更好地管理公司来降低风险。因此，我们可以得到一种风险低且可控、收益又高的债券。换句话说，米尔肯投资的公司的债券会被人们抢购，从而吸引到新的投资来改善公司业务。这对所有人来说是真正的双赢。

当米尔肯还在德崇证券（Drexel Benham Lambert，该机构现已解散，在当时同意承保这一业务）工作时，他就已经创建并主导了新型证券的场外交易市场。场外交易是独家、私下协商的一次性交易，一般不是在有组织的平台上进行的，监管也非常宽松。市场监管的松懈使得米尔肯有机可乘。而其所在的德崇证券给他提供了制度背景，包括与交易相关的“高度信心函”。这是一份虚构的文件，在市场上没有任何法律效力，但可以说服米尔肯的客户投资这种新的垃圾债券。

通过米尔肯的倡议，德崇证券成为许多评级不佳的公司的救星，否则这些公司就无法获得融资。德崇证券的服务收费率为3%~4%，高于当时债券市场常规的1%。德崇证券的银行家也经常为了自己和买家争取股本权证，使得这笔交易更加吸引人。[4] 垃圾债券让德崇证券获利颇丰。据称，米尔肯在所谓华尔街精英的眼皮底下抢夺业务，他还认为这些人既傲慢又懒散。

生意非常火爆，但米尔肯并不满足于只做垃圾债券的生意。不久，他开始使用垃圾债券为公司的杠杆收购提供资金。杠杆收购是争夺公司控制权的委婉说法。垃圾债券被用来为雄心勃勃的企业袭击者和私募股权公司提供资金。[5] 通过垃圾债券进行杠杆收购，评级较低的公司可以收购评级更高的公司。在交易中，收购公司将利用目标公司的资金偿还其因为首次收购所产生的债务，最好是米尔肯所在银行的债务。敌对的袭击者将垃圾债券当成武器，煽动并摧毁了目标公司。这种公司收购会造成大量员工失业和目标公司的重组。[6] 根据一位电影制片人的说法，迈克尔·道格拉斯在电影《华尔街》中扮演一个充满了魅力又残酷无情的角色，叫作戈登·盖科，其原型就是米尔肯。

德崇证券能够为杠杆收购快速筹集巨额资金，这也为其带来了丰厚利润。到了 1986 年，德崇证券成了华尔街最赚钱的公司，而米尔肯是其中收入最高的高管。1986 年，米尔肯的收入大约为 2.95 亿美元（现值 6.65 亿美元），第二年创收 5.5 亿美元（现值超过 12 亿美元）。[7] 但德崇证券却引起了华尔街的忧虑，甚至受到了华尔街的排挤。人们讽刺其为“垃圾债券，垃圾人”。[8]

垃圾债券的用途很广。由于其相对的创新和垄断，米尔肯迅速地取得了成功，使用它们进行破坏的诱惑力太大了，令人无法抗拒。原因无非就是：金钱、贪婪、虚荣。

20 世纪早期，摩根大通和洛克菲勒在美国股票市场上占据主导地位，它们对市场和客户有着深入的了解。它们也有强大的破坏工具——银行家们迫使公司加入美国钢铁集团并建立控制市场的托拉斯。在 20 世纪 80 年代，米尔肯对垃圾债券市场和客户的深入了解给了他极大的优势，他也用类似的方式进行市场掠夺。扩张业务的双方，即做市商和市场用户之间的些许温存对米尔肯和德崇证券来说都是致命的。凭借对客户和市场信息的掌握，米尔肯不仅控制了垃圾债券行业，还开始推测股票和其他证券的价格。将内幕知识用于内幕交易的诱惑令人无法抗拒。

1989 年，对米尔肯发起的一起刑事调查表明，他向伊凡·博斯基（一位曾因内幕交易被定罪的交易员）提供了资本和信息，这场交易构成股市操纵。法院认定，米尔肯和博斯基合谋抬高股票价格，为德崇证券的一位客户谋取利益，还有一些类似的违法交易发生。

尽管他们在这场破坏中充当了主谋，垃圾债券在米尔肯去世后依然存在。它们仍然是重要的融资工具，也是该行业的重要利润来源。金融机构仍对垃圾债券征收 3% 的手续费。自 2005 年以来，这个市场（包括之前发行的和新发行的）已经增长了两倍，现在总计约为 2.2 万亿美元。2016 年，美国发行了近 2 370 亿美元的新型高收益证券。[9]

利维·拉涅利，抵押支持证券和证券化[10]

正当迈克尔·米尔肯成为“垃圾债券之王”时，另一位传奇人物，所罗门兄弟公司的利维·拉涅利发现了债券业务的机会。当时，美国债券市场由政府主导。拉涅利将过时的抵押贷款市场变成了一项充满活力的债券交易业务，这一创新改变了整个行业，也成了导致 2007—2009 年金融危机的关键因素。

房屋抵押贷款，特别是典型的 30 年期固定利率美国抵押贷款，几乎与国债一样安全。这些证券可以提供许多机构投资者（如养老基金）所追求的稳定月收入。但是，养老基金不会单独购买每笔抵押贷款。它们感兴趣的是其聚合产物，即基于这些抵押贷款的金融产品。但标准化金融产品市场面临一个重大障碍——购房者可以随时预付抵押贷款。他们最有可能在利率较低时这样做，这时候，投资者几乎没有其他投资机会。因此，投资者倾向于回避抵押贷款支持证券。

拉涅利有本能也有策略去改变这一行业现状。通过组建一支囊括了优秀数学家的团队，他能够将这些30年期抵押贷款分成5~10年的抵押贷款支持证券来优化预付风险。巧合的是，保罗·沃尔克支持大幅加息以及税收政策的变化，促使储蓄机构增加了抵押贷款供应，这些储蓄机构试图在高利率时期出售抵押贷款。在动荡的市场中，拉涅利几乎是这些抵押贷款的唯一买家。与此同时，拉涅利及其团队游说华盛顿的政策制定者进行立法变革，这将使抵押支持证券成为全国范围内的授权证券，旨在为他所培育的市场增加流动性、扩大规模和拓展深度。

就像米尔肯的垃圾债券一样，拉涅利创新的关键不仅仅是抵押支持证券这种产品，还包括管理相关风险的过程。后来，人们称这一过程为证券化：通过一系列法律虚构和金融工程将抵押贷款等非流动资产转换为可交易证券。新产品和证券化将共同改变银行体系。所罗门兄弟公司被旅行者集团收购后很久，就像“信贷民主化”一样，2001—2002年这种变化得到推动，特别是房地产市场正在变得国际化。

凭借新的证券化技术，银行现在可以通过将风险转嫁给投资者，积极发起新的抵押贷款并将其从资产负债表中剔除。向投资者出售新创证券的费用是一个很大的诱因，所以银行会嘉奖最成功的交易，这些交易往往是将劣质债务打包成表面上的流动型证券。信用评级机构成为不可或缺的一部分，它们给劣质贷款支持的证券以高评级，并从中获利。这项新技术意味着银行及其员工现在有了新的动力来损害客户、借款人和同行的利益。

如果一个人的奖金取决于一个人可以产生的贷款数量，或者取决于将这些贷款证券化并将其出售的能力，那么我们可以充分想象结果会如何。银行、经纪人、交易员和投资者热情接受抵押支持证券作为破坏工具，证券化似乎给他们带来了无限机会。实际上，任何金融资产，从汽车贷款、学生贷款，到信用卡应收账款和抵押支持证券本身，都将被证券化。随着贷款被重新包装并作为证券被再次出售，贷款提供商正在寻找新的借款人来创造更多的信贷，然后他们可以进一步深入证券化的链条。

大规模的信贷繁荣正在形成，此时也被誉为金融新时代和“稳定时期”。而在 10 年前，人们还面临着低失业率和低通货膨胀的难题。经济学家和政客都认可这一时期取得的成就，这一切都归功于当时巨大的金融创新，并且得到了宽松的管制和信贷民主化的支持。每个金融机构都是这场繁荣的一部分，银行处于中心位置。怀疑论者很煞风景，包括永恒的悲观主义者、永远活在过去却从没从过去得到自己想要的东西的人。

信贷繁荣与大多数证券化交易的不透明性相结合，为通过破坏获利提供了充足机会。抵押贷款经纪人收取佣金，抵押贷款发起人收取费用。利润和奖金现在与证券化产品挂钩。“市场”在寻找任何潜在的借款人——购房者、购车者、购物者、游客、学生。不管是否可行，他们需要任何可以在虚线栏上签字的人。因此出现了一大批超高风险贷款，包括所谓的 NINJA 贷款（向没有收入、工作、资产的人提供贷款）。欺诈也很常见，在所谓的“先进的工业化世界”中，由于每个人都想参与到这场繁荣中，大量文件被篡改，一些法规的执行也受到了阻碍。

经纪商给购房者提供“诱惑利率”，也就是说，在交易的最初几年，抵押贷款利率非常低。在诱惑时期结束后，利率将会上升，但借款人来不及从中脱身。协议一旦签订就无法更改，一旦诱惑时期结束，许多借款人将无法偿还贷款利息，更不用说偿还本金了，他们就不得不出售其房产或面临取消抵押品赎回权的情况。

贷款证券化业务成功的关键就是要快速摆脱它们。卖掉它们，收取佣金，确保将风险留给其他人，然后重新开始。当这些“打包证券”失败时（不可避免的失败），其他人会为其买单。鉴于生意很好，银行急于向投资者出售证券，许多人很快开始故意歪曲相关贷款的质量。就像喧嚣的 20 世纪 20 年代一样，银行和投资基金完全忘记了它们本来的职责。一项估计显示，涉及抵押贷款的虚假陈述，合计未偿还余额高达 1 600 亿美元；承销商可能要承担约 600 亿美元的代理和担保损失。[11] 这还只是保守估计。

随着信贷繁荣的升级，越来越多的银行靠歪曲抵押贷款的真实性质来获利，这些抵押贷款支撑着它们所提供的债券。有些人保持谨慎，少数人意识到了这是一种欺诈行为。但正如花旗集团首席执行官查克·普林斯所说，“音乐不停，舞蹈就不能停”。如果一家银行没能在和其他银行的竞争中胜出，没能找到更多资信状况不良的借款人，它就会失去客户、声誉和资本。

有句俗语，“世上没有不透风的墙”。2007 年夏天，许多全球顶尖的银行都面临着犯罪指控，包括抵押贷款、电汇、邮政和证券等多项欺诈指控。美国银行及其子公司称："我们一再表明，最开始的过程……未能达到内部指导方针的要求，由此产生的贷款就不符合之前向投资者描述的特征了。"[12] 许多机构就这一问题达成了庭外和解。在金融危机发生 10 年后的 2018 年，巴克莱银行同意与美国司法部门达成 20 亿美元的和解协议，以解决 2008 年金融危机前的抵押支持证券销售问题。两名巴克莱银行前高管需要支付 200 万美元。[13]

美国当局还指责另一家银行——苏格兰皇家银行（本书中的另一位"明星"）的管理层以各种方式歪曲事实，"在交易中欺骗和欺诈客户"。苏格兰皇家银行的交易员会向买家虚报卖家的要价。有时，它还会虚构一个第三方卖家，向买方收取额外的佣金。美国康涅狄格州律师迪尔德丽·戴利指出："多年来，苏格兰皇家银行一直在培养一种证券欺诈的文化。那些处于权威地位的人教授和鼓励欺诈性的交易行为……更糟糕的是，那些监管人员和合规人员随后采取措施防止受害者和本分的苏格兰皇家银行员工发现和揭露该计划。"苏格兰皇家银行也达成了庭外和解。[14]

总体而言，大西洋两岸的银行已向客户和投资者支付了总计 3 210 亿美元的罚款，其中美国银行和摩根大通支付的金额最高。北美银行占总罚款的比例近 63%。[15] 数百万美国人失去了家园，而 2007—2009 年金融危机给我们带来的后遗症仍然存在。

一些人认为，证券化本身并不是破坏工具。但在充满创新、竞争和不透明的现实中，它确实成了破坏的载体。2009 年拉涅利承认："我感到内疚……这场有史以来最大的漂浮骰子游戏不是我的本意，但它就是发生了……也确实有人因此流离失所。我觉得我有责任迎难而上，用我自己的方式来处理。”[16] 抵押支持证券和证券化仍然是当今金融业的重要制度特征。2017 年，仅美国债券市场的抵押支持证券数量就超过了 9 万亿美元，这是仅次于美国国债的第二大债券市场。[17] 抵押支持证券逐渐被世界各地的机构广泛认可为安全可投资的产品。证券化也是金融业的标准做法，欧盟积极鼓励创建欧洲资本市场，并将“高质量和高流动性”的证券化视为主要推动力。

布莱斯 · 马斯特斯和信用违约掉期[18]

在米尔肯和拉涅利发起革命后不久，在另一个传奇机构，一位有远见的人偶然发现了另一个机会。布莱斯 · 马斯特斯和她在摩根大通的团队将创造和改进一种产品，这将刺激 2002—2007 年的信贷繁荣，并作为破坏武器导致其垮塌。

传统的银行通过向企业部门发放贷款来赚钱。然而，问题在于，由于存在借款人违约的风险，银行必须持有资本作为储备，以对冲该风险。如果银行可以找到摆脱企业客户违约风险的方法，它就可以释放大量资金，用于其他投资和贷款。

马斯特斯的想法非常巧妙和简单：为什么银行不投保这些风险并将其转交给保险公司，从而为其他投资腾出资金呢？布莱斯 · 马斯特斯及其在摩根大通的团队开始寻找这样一家保险公司，他们很快就找到了一家。美国国际集团（AIG）很乐意为摩根大通提供此类保险，但需要付费。该交易在金融工具中被正式化，后来被称为信用违约掉期（CDS）。摩根大通设计的这一模式非常受欢迎。很快，其他银行和对冲基金就开始销售和购买信用违约掉期。

在经济学的抽象世界中，银行是一个负责任的中间人。信用违约掉期这种创新非常巧妙而有效，但现实中的金融机构缺乏监管、充满竞争和贪婪，这项发明成为人们通过破坏来赚钱的完美工具。事实上，无论是其设计还是应用，信用违约掉期都将成为破坏的理想工具。

信用违约掉期被设计并用作保险工具，旨在保护债权人免受违约损失。保险产品基于可保利益的概念，传统上受到严格监管，需要更多资金。但是，当信用违约掉期推出时，人们不想受保险法规的束缚，解决方案是不将这些产品称为保险。相反，这些产品被称为掉期，是一种金融衍生品，在私人的场外交易市场上进行交易，因此不受监管。[19]

最终，该创新被行业采纳，不仅保障了企业违约风险，还保障了次级抵押贷款和其他低质量贷款的风险。不久，银行和对冲基金意识到，它们不需要参与到实际的债券中，可以只交易信用违约掉期。事实上，买卖信用违约掉期合约比实际债券更加简单快捷。这一创新的美妙之处在于，那些对实体公司没有兴趣的公司现在也可以买卖信用违约掉期。[20] 人们在支撑资产很少甚至是没有的情况下创造了大量的信用违约掉期衍生品。

很容易看出，这一工具会在借款人违约的情况下安排支付，也就可以被用于确保贷款人或持有信用违约掉期的人从借款人的违约中受益。信用违约掉期很容易被用来破坏公司或其债权人的利益。例如，一家对冲基金持有 2 亿美元的公司债券，但可以购买掉期保护，以抵御该公司在信用违约掉期市场的违约，比如用于抵御该公司5亿美元的债务风险。[21] 这意味着对冲基金现在对公司的失败产生了兴趣。对冲基金从掉期头寸中的获利比从债券中的获利更多。一些对冲基金专门推动这些公司清算，通常会进行庭外重组。当美国汽车零部件公司德尔福公司（Delphi Corp）于2005年违约时，该公司的名义掉期价值约为300亿美元，是其20亿美元债券的15倍。[22] 截至2007年年底，信用违约掉期业务已增长至超过60万亿美元。[23] 其余的，正如他们所说，是历史。

信用违约掉期造成了更加广泛的负面影响，因为它们被用来填补次贷危机期间一些金融工具造成的空缺。抵押支持证券和担保债务凭证几乎毫无价值，就不可避免地导致了违约。银行和对冲基金受到利益诱惑，在繁荣期间出售信用违约掉期，现在却面临成本不断增加的困境。未知因素加剧了人们的恐慌，因为信用违约掉期在场外进行交易，没有人确切知道这些产品的整体风险。许多银行和对冲基金同时购买和出售信用违约掉期，然而，由于金融的高度复杂性，人们对信用违约掉期的热情还是很高，很多人能够很幸运地“净出”他们的信用违约掉期头寸。[24]

但美国国际集团无法幸免。美国国际集团只出售信用违约掉期，从来没有买过。一旦债券违约，作为主要的保险公司，美国国际集团将不得不向行业内的许多主体进行赔付，但没有人来补偿美国国际集团。这家保险巨头陷入了自己制造的恶性循环中，违约率快速上升给它带来了巨大打击。从理论上讲，美国国际集团担保的信用违约掉期涵盖了超过4 400亿美元债券，而它根本没有这么多钱。美国国际集团的信用评级被降级，导致的后果就是，保险公司现在需要提供更多抵押品以保证其支付能力，但它们做不到这一点。[25] 2008 年 9 月，美国政府向其提供救助，提供了 850 亿美元贷款以换取该公司 80% 的股份。政府对美国国际集团的最终财政援助总额高达 1 820 亿美元。

对美国国际集团的救助可以说又是一个“大而不能倒”的案例，美国政府根本无法让这家保险巨头倒闭。但在华尔街，还有一种更愤世嫉俗的理论。“救助的全部意义在于拯救高盛，”机构风险分析财务顾问服务主管克里斯托弗·惠伦说，“这就变质了……太可怕了。”当时，高盛发言人拒绝就美国国际集团的救助计划或其收到的政府资金发表评论。几周后美国国际集团告诉投资者，“绝大多数”的财政援助只是“通过美国国际集团传递给其他金融机构”。2008 年 9 月至 12 月，超过 500 亿美元的款项交给了交易对手银行。高盛和德意志银行是最大的交易方，每个交易方约获得了 60 亿美元。[26]

摩根大通的原始团队刚开始时能否想到他们的主要保险公司会倒闭？是否想过这种创新会成为新的破坏工具？即使在危机之后，布莱斯·马斯特斯也继续捍卫其创新。但她承认，如果主要交易对手未能妥善管理其风险，那么“转移风险的工具也会增加系统性风险”。[27] 很明显，不管是产品本身的设计（被误称为衍生品）还是产品的市场应用，信用违约掉期都广泛用于破坏各主体的利益，使得银行从企业破产中获益。这些工具使许多银行能够通过牺牲投资者利益来保护自己免受损失。最终，通过破坏一家大型保险公司，信用违约掉期成了破坏政府的工具。

金融创新的苦涩回味

作为研究商业行为的经济学家，约瑟夫·熊彼特认为创新是市场力量的重要来源。[28] 熊彼特分析了各种创新，包括新产品的引入、新的生产方法和新的商业组织形式，以及新市场的渗透。更重要的是，他认为，不是一种新发明或者新产品，也不是好几种这样的创新或者产品具有变革经济的力量，而是创新的组合构成了“实施经济变革的关键驱动力”。[29]

迈克尔·米尔肯、利维·拉涅利和布莱斯·马斯特斯在金融界名声大噪，甚至名声也传到了圈外。我们去看一眼金融畅销书和流行文化，就能发现他们的身影。但他们也不是单打独斗的，米尔肯、拉涅利和马斯特斯各自拥有自己的专业团队。更重要的是，他们背后还有强大的金融机构的支持。正如熊彼特指出的，产品和技术的创新与新市场的制度化相结合，为行业带来了持久的影响，促成了经济变革。正如约翰·富尔德所说，这就是金融行业赚钱的方式。

然而在金融领域，聚合总是会产生问题。虽然在个体层面，创新可以降低成本、提高效益，但在系统层面，这些好处是不确定的。对于个体经济主体，金融衍生工具可以用来管理风险。对于整个系统而言，金融衍生品很容易变成“大规模杀伤性武器”，因为它们往往会以不可预测的方式放大风险和成本。垃圾债券、抵押支持证券、证券化和信用违约掉期受到了“市场”的热烈欢迎，因为它们可以用作破坏工具。

这通常被称为“聚合的悖论”，[30] 这种现象体现了金融创新的多元作用。首先，新的金融产品和流程往往非常复杂，这意味着买方、客户或监管机构可能永远无法完全了解它们。[31] 其次，金融创新总是面向未来的交易。这意味着当买家发现一些不利或者高风险的因素时，往往为时已晚，而且由于受制于合同条款，他们可能无法纠正结果。最后，越来越多的金融创新跨越多个领域，对监督和监管提出了极大挑战。从历史上看，监管套利一直在为许多金融和法律创新提供支持。

我们认为，这三个要素使得金融创新不仅是赚钱的理想策略，也使其成为维布雷宁模式下进行破坏的完美工具。另外，金融行业由于独一无二的特性，可以实现一种“新组合”。通过创造新型金融资产（通常是通过用新的方式将经济活动的几个方面结合起来，借此形成一个新的市场），金融创新者得以结构性地领先于行业中的其他玩家，也领先于监管机构乃至整个社会。事实上，垃圾债券、证券化或信用衍生品的经验表明，给创新者带来力量和利润的，从来就不是一种特定的金融产品，而是将这种产品在新的市场基础、监管框架和适应性的政治经济体系中加以制度化。我认为，监管者也应该意识到这一点。

近年来，人工智能和一系列新金融技术正在推动世界各地经济的发展。数据是 21 世纪数字资本主义中最有价值的资产。数据的出现加上传统金融部门更加严格的监管，推动了金融行业中新业态的出现。

其中许多创新都在市场和其他领域大受欢迎。区块链（一种分布式分类账本技术）被认为可以连接各行各业的人。区块链将广泛改变行业的运作和服务方式，包括能源、娱乐以及保险和医疗保健等公共服务行业。我们可以将区块链和电子邮件的发明相类比，电子邮件将孤立的人们连接起来，引发了20世纪90年代的通信革命，预示着新型经济组织的兴起。

推崇区块链的人认为，区块链驱动的经济可以克服传统的金融业务方式的许多弊病并且降低成本：

> 目前，我们的金融系统显得有些过时，还依赖于纸张和落后的软件。这就为欺诈和犯罪留下了可乘之机，企业要为此付出惨痛的代价。区块链是一种无法篡改、实时更新的数字分类账本，对传统的银行系统具有颠覆性作用。记账不需要传统的纸张，也不会存在欺诈行为。使用比特币可以降低电汇和转账费用，清算和结算可以立即进行，贷款和信贷申请可以在现场进行评估，消费者可以即时获得他们需要的资金和结果。[32]

区块链对政客也有独特的吸引力。右派分子呼吁通过技术来强制推行去中心化的系统，从而摆脱主权国家政治系统的约束。左派看到了区块链的巨大潜力，认为区块链可以帮助金融领域实现民主化，赋予人们直接参与的权利。学者和经济史学家相信，技术将会变革现有的银行业务。

维布雷宁学派却不那么乐观，他们对区块链及其衍生物持怀疑态度，也不相信整个新的金融科技行业。

他们也有充分的理由。

第二部分

“没有冲突，就没有收益”：破坏客户

金融已成为现代生活的核心，是现代生活的重要构成要素。现代世界中的个人、家庭、小型或大型企业、公共机构，都依赖金融来处理日常经济事务。每个人都至少拥有一个银行账户，因此，每个人都是银行的客户。从理论上讲，因为我们对银行的依赖，银行的利润已经非常可观。我们向银行支付维持账户的月费或者年费，支付透支和贷款的利息。理论上，我们的存款可以被银行用于借贷。像零售银行一样，其他银行也都能赚得盆满钵满。但这就够了吗？不仅如此，我们对银行的依赖也给了这些银行破坏客户的机会，其目的就是创造额外利润。

金融机构（无论是个人、小公司，还是其他银行和金融机构）会利用客户的私人信息或利用其缺乏专业知识、容易轻信专家的特点来损害其利益。他们还会利用一些其他方式，比如为客户提供建议，引导用户购买某些银行认为后续表现不佳的产品。哪怕是这些糟糕的建议，银行也可以借此收取巨额佣金。然后，银行还可以从相反的方向进行对冲，再敲诈用户额外的资金。随后，银行在此基础上进行了更多创新，一些设计也更加精巧，利用客户对衍生品和掉期安排知识的匮乏来牟取利益。客户的损失也就意味着银行收益的上升，而顾问的佣金只是蛋糕上的樱桃，蛋糕主体则是银行的利润和顾问的奖金。

另一种策略是经纪公司了解客户的要价后（股票、衍生品或外汇）收取差价，同时收取经纪费。一个客户，比如一个养老基金，向经纪人发出了大笔订单，如购买苹果公司的股票。养老基金对这些股票的要价设定上限。经纪人可以使用他们自己的资金或者借入资金，购买苹果公司的大量股票，当这些股票达到其客户的上限价格时，经纪人将他们购买的股票以上限价格卖给客户，获取相应利润。

随着技术的发展，券商把这种做法制度化、自动化了。算法交易的普及使得像城堡基金（Citadel）或盖可（Gekko）这样的大公司能够“抢占”资产管理公司的订单。它们的利润来自两个特权。一方面，它们知道客户准备为证券支付的价格。另一方面，由于它们可以比客户领先几纳秒，它们能够（在所谓的资金暗池的情况下）控制当前证券市场的整体价格水平，并从中获利。

这种性质的故事比比皆是。下面我们回顾一下在金融危机期间或之后发生的一些悲惨案例，重点关注英国苏格兰皇家银行以及美国高盛和富国银行的案例。

04

苏格兰皇家银行的“死魂灵”

一位有抱负的贵族乞乞科夫向地主纳斯塔西娅·彼得罗夫娜提出购买过去属于她的死亡农奴名单，彼得罗夫娜回答说："但是，这是死亡的灵魂啊。"

> "谁说他们不是？他们的死只是灵魂的死亡，你必须继续对他们征税，我的计划可以减轻你的税收和由此产生的麻烦……"
>
> "是的，虽然我不知道……你看，我从来没有卖过死去的灵魂。"
>
> "确实如此。如果你卖过，那倒是一件稀奇事，但你肯定知道这些死魂灵是值得保留的。"
>
> "哦，确实！为什么他们是有价值的？我相信他们不值钱。让我烦恼的唯一事情是他们……死了。"
>
> （尼古拉·果戈理，《死魂灵》，1842 年）

纳斯塔西娅·彼得罗夫娜肯定不能在苏格兰皇家银行担任经理。在那里，死去的客户也是要保留的。在繁荣时期，在收到客户死亡的消息后，客户经理会迅速将其账户升级为高级账户来赚取奖金，然后才提交死亡证明，后来这被归类为小规模骗局。[1]

我们不能把苏格兰皇家银行的员工和果戈理笔下的乞乞科夫相提并论，对后者来说，他只做过贩卖死奴名单这种勾当，但在苏格兰皇家银行，利用已故客户牟利只是众多业务之一。工作人员通过已故客户的账户，利用其死亡时间和上报时间的差来赚取奖金。这只是获得奖金的众多途径之一，而且，就算工作人员将客户的账户升级为高级账户收取额外的酬金，死亡的客户也没法提出异议，工作人员不会受到任何惩罚。

另一种方法是伪造。一个苏格兰皇家银行举报人告诉英国议会特别委员会："众所周知，最赚钱的业务都要用到复印机，并且是在布罗德兰商务园完成的。"所涉及的"业务"是指在贷款协议和银行提供的担保上伪造客户签名。据了解，苏格兰皇家银行的工作人员会在入职期间接受有关处理交易所需的未签名文件的特定培训。该特定培训有以下四个步骤：

1. 从客户文件记录的 ISV（个人签名验证）系统中提取客户的签名。

2. 复印一份缺少签名的文档，对着窗户把该文档放在从 ISV 系统中提取的版本上面。光线透过原件，可以将签名投影（伪造）到文件上。

3. 模糊图像。文件被多次复印，通过调整墨水浓度来制造出一些复印效果不好的版本。

4. 将影印版本扫描到系统中。

这样，如果有争议，对存档的文件进行墨迹日期鉴定就无从下手了。[2] 这样一来，贷款协议和担保通常是在客户不知情的情况下被处理的。英国议会委员会发现，这些培训的目标在于尽可能将坏账推到客户头上，同时从中小型企业客户那里获取“价值”来保护银行的利润。

苏格兰皇家银行的业务到处充满了破坏的影子。金融市场次贷危机蔓延之后，苏格兰皇家银行试图清除部分评价不好的长期利率掉期。其中许多交易，即利率掉期，都是在利好时期签署的，旨在保护银行不受加息影响。利率下降时，这些掉期可能会使苏格兰皇家银行亏损数十亿美元。为了解决这个问题，苏格兰皇家银行（当然不止此一家）的管理者从客户入手。解决方案的关键在于银行向其客户提供的财务规划和建议。对于这些建议，苏格兰皇家银行的一位客户 9 岁的女儿得出结论：“生活的第一原则：永远不要相信银行。”

我们来了解一下当时的背景。2007 年，该银行的经济预测机构做出了和一般预测一致的判断（正如从银行终端获取的数据所证实的），利率正在显著下降，并且这一趋势将长期存在。但是，苏格兰皇家银行在这时敦促其客户购买防止加息的“保险”。一些毫无戒心的客户就买了该银行高固定利率的产品，这样一来，银行的部分潜在负债就被清除了。为了促进协议的达成，苏格兰皇家银行通常会向客户借出购买资金，固定利率为 7% 或 8%，而此时的利率正趋于 0%，苏格兰皇家银行借此可以获得额外利润。这一计划运作得很顺利（对于苏格兰皇家银行，而不是对于银行客户）。此后，苏格兰皇家银行要求苏格兰皇家银行集团的所有成员利用超过 50 万英镑的商业贷款购买利率掉期。英国议会委员会总结说："我们看到，苏格兰皇家银行客户的每笔交易都是'正面我赢，反面你输'的交易，客户永远是输家。"[3]

还有各式各样的针对员工的激励方案。苏格兰皇家银行为业务经理颁发鼓励券，这种券免税，并且主流的商场接受用这种券付款。如果有员工为市场团队介绍客户，苏格兰皇家银行还会为他们提供特殊奖励，随后他们会面向这些客户出售一些昂贵的对冲产品。[4]

为了帮助身陷困境的客户，苏格兰皇家银行组建了一个公司，叫作全球重组集团（GRG），这样命名是因为要监管资产价值 650 亿英镑的约 16 500 家处于困境中的中小型企业，并且对它们采取特殊措施。[5] 苏格兰皇家银行的律师克利福德·钱斯称，全球重组集团的使命是"将损失最小化和将恢复最大化，来恢复客户财务状况并保护银行的地位"。[6] 事实证明，后者才是关键。我们可以从 2009 年一位初级经理撰写的内部备忘录来了解全球重组集团使用的技巧。备忘录的内容是关于如何管理集团客户的，包括以下内容："绳子：有时要让顾客自己上套。然后你获得了他们的信任，他们也知道当他们交付不了的时候会发生什么。"关于费用设定的进一步建议："要避免将费用定为整数。5 300 英镑听上去好像是经过考虑的，但是 5 000 英镑听起来就比较随意。"[7]

全球重组集团的职权范围很广。由于苏格兰皇家银行标准贷款协议中有一个非常不显眼的条款，他们能够在不通知客户或不和客户协商的情况下，单方面改变原始贷款的贷款条款。[8]如果实行新条款，他们就会大幅提升贷款利率，提供一些昂贵又不必要的对冲产品，甚至所谓的上行工具——房地产参与费协议（PPFA）或股权参与协议（EPAs）。

这样一来，全球重组集团就可以获得一定比例的资产或者股份，同时使得很多企业被剥夺了剩余资产并被迫破产。有证据表明，苏格兰皇家银行对一些企业采取了不必要的特殊措施，他们对协议稍做修改，或者修改贷款与价值比率来给资产价值一个比实际更低的估值。英国议会委员会认为，全球重组集团经常与其他专业人士勾结，牺牲企业客户利益来为自己牟利。企业客户也可以采取法律措施维护自己的权益，但是，苏格兰皇家银行能够通过胁迫或贿赂，拒绝为受害企业承担法律责任。[9]

当苏格兰皇家银行客户的未公开信用额度（通常是数十万英镑甚至数百万英镑）在他们不知情的情况下违反了贷款协议，他们就会被送往全球重组集团。那些客户逃不过全球重组集团的套路。

苏格兰皇家银行诉大卫·伊斯特

全球重组集团处理的一个典型是大卫·伊斯特，他之前是一个猎头，在苏格兰皇家银行下属的国民西敏寺银行的帮助下成立了一家名为阿灵顿的连锁酒店。酒店运营状况很好，每年营业额近 500 万英镑，利润丰厚，伊斯特希望在整个东安格利亚的村庄建立至少 10 家连锁酒店。

2010 年 12 月，其银行经理告诉他，这项业务正在逐步转移到全球重组集团。伊斯特对此感到非常吃惊："我不明白他们为什么这样对我。他们说我们违反了贷款契约，但我们一直都是按时付款的。"[10] 全球重组集团随即开始向阿灵顿酒店集团收取大笔费用，增加了每月 400 英镑的"审查费"，每年 15 万英镑的"风险费"和 7 000 英镑的"安全费"。原始贷款的利率比银行利率高出 3.5%，而不是原来的 1.25%。全球重组集团对该业务进行重估，估值为 450 万英镑。问题升级了。这远低于伊斯特自己的估值团队得出的 600 万英镑，另一家估值公司也估值为 520 万英镑。特别是，全球重组集团的估值漏掉了连锁酒店中一家利润丰厚的酒店。全球重组集团现在要求伊斯特在一年内向银行支付近 500 万英镑，尽管原始贷款的还款期限长达 15 年。

这笔额外的开支影响了酒店业务的运行状况。由于增值税和供应商货款的压力，大卫·伊斯特渐渐感到力不从心，并被迫要求透支 4 万英镑购买必备物资，这一交易还需额外支付 2 000 英镑。到了 2012 年，伊斯特不得不开始出售酒店业务。全球重组集团通过审计公司普华永道向他收取每月 1 万英镑，外加正在出售的酒店价值的 3%。到 2013 年，整个阿灵顿连锁酒店被清盘，最终于 2014 年 4 月解散。普华永道为阿灵顿提供了一份长达 14 页的管理程序摘要。该文件指出："该银行（苏格兰皇家银行）已根据公司资产的固定费用担保收回 424 604 英镑。该银行应收的欠款为 221 万英镑，因此贷款资金严重不足。"[11] 目前，没有更多关于大卫·伊斯特案例的公开文档，普华永道提供的关于阿灵顿酒店案例的网页链接早已不存在。

苏格兰皇家银行诉德里克·卡莱尔

卡莱尔先生是一位地产开发商，他是苏格兰皇家银行的长期客户，与银行有着“良好的合作关系”。[12] 苏格兰皇家银行很乐意为卡莱尔提供资金支持，因为这些项目的边际利润约为30%。2007年，卡莱尔在东基尔布赖德开展了一个项目，开发珀斯郡的土地。这一地区紧挨着著名的格伦伊格尔斯酒店。

考虑到潜在收益，卡莱尔先生向苏格兰皇家银行申请，由他们帮忙购买和开发土地。2007年3月，他与银行商业中心代表进行会面，讨论条款。这个项目分两个阶段进行，包括土地购买和房屋开发，总投资额为400万英镑。这笔投资的条件之一是一项回购条款：由于无法转售土地，卡莱尔先生必须在一年内开发，否则开发权将转回供应商。该条款促使卡莱尔先生要求苏格兰皇家银行的资金必须用于购买和开发，否则这笔生意就无利可图。

因为这个项目看上去很有前景，苏格兰皇家银行一开始同意了。虽然没有提供开发阶段的资金，但银行承诺继续提供支持，卡莱尔就用自己的资金开始进行房产建设，并出售其他资产以偿还银行的部分债务。然而，银行突然改变了对融资条款的意见。2008年8月12日，卡莱尔先生及其律师被告知苏格兰皇家银行要求其立即偿还其为购买土地提供的145万英镑资金。钱要在第二天上午10点30分之前到账，否则卡莱尔先生将面临“灾难”。卡莱尔先生被告知，如果他不按时付钱，他应该清楚“随之而来的混乱”。[13]

苏格兰皇家银行为自己的行为辩解，声称从未同意提供开发资金，并要求卡莱尔将出售另一处房产而获得的资金用于偿还银行。

苏格兰皇家银行随后开展了一系列行动，旨在迫使卡莱尔先生立即向银行支付 145 万英镑，包括冻结卡莱尔的银行账户、强制关闭其公司、接管其资产，并发布爱丁堡最高民事法院的逮捕和禁止令。尽管他拥有价值约 800 万英镑的资产组合，个人债务不到 500 万英镑，但他还是被扣押了（在苏格兰指个人破产）。[14] 此外，该银行开始处理卡莱尔的住所。

苏格兰皇家银行操纵卡莱尔个人银行账户中用于支付孩子学费的资金，资金从账户中流出后，卡莱尔就无力支付孩子的学费了。苏格兰皇家银行利用自己对当地律师事务所的巨大影响力来吓唬他们，促使律所拒绝接手卡莱尔的案子。最终接手这个案子的 MBM 商业律师事务所也是在获得了苏格兰皇家银行许可之后才接手的。更让卡莱尔先生感到棘手的是，在金融危机中，东基尔布赖德开发项目在被银行征收后以其实际价值的一半出售。

这一系列恶意操作给卡莱尔的家庭带来了巨大的痛苦和压力，也严重损害了其声誉。然而，苏格兰皇家银行继续借法庭的庇护来骚扰卡莱尔。卡莱尔反诉该银行违背了当初对他的承诺，相当于违反合同（附带保证）。法院支持卡莱尔，认定苏格兰皇家银行违反了合同。格伦尼勋爵于 2010 年 1 月 13 日发布判决，支持卡莱尔的申诉，认为该银行在法庭内的诉求不符合标准，并且在整个案件中有失“坦诚”。格伦尼还指出：“银行就此事提出的诉讼远远不符合法院的标准。”[15]

卡莱尔先生的案件得到了一些曝光。议员吉姆·胡德代表卡莱尔先生在议会发表讲话时说，他代表卡莱尔写信给苏格兰皇家银行首席执行官艾伦·迪金森求情时，体会到了苏格兰皇家银行的虚伪。似乎迪金森看到的是一份被全球重组集团爱丁堡分支机构歪曲过的报告。苏格兰皇家银行的“缺乏坦诚”还体现在试图欺骗法院、艾伦·迪金森和卡莱尔的律师，告诉他们卡莱尔的首席证人（一位苏格兰皇家银行的经理）改变了原来支持卡莱尔的证词。事实证明这是假的，因为苏格兰皇家银行的经理从未撤回其原来的陈述。除此之外，苏格兰皇家银行还试图使卡莱尔因欠下另外一笔小规模债务（4 000 英镑）而被扣押。这笔债务与苏格兰皇家银行案件无关，但这对银行来说是一个利好机会，可以摧毁卡莱尔先生在法庭上的信誉。

2013 年，苏格兰皇家银行对格伦尼勋爵的判决提出上诉，三名苏格兰法官推翻了原判。2015 年，最高法院维持了一审判决。2016 年，苏格兰皇家银行就其“对客户的不良行为”道歉，并同意将赔偿 4 亿英镑。[16] 2017 年，和解协议最终达成，最终条款保密。[17]

还有很多类似的故事。苏格兰皇家银行的经理和市场团队分支机构会给一些商业客户介绍一些他们明知会亏损的业务。随着利率下降、损失增加，许多客户还不清楚自己的负债情况就破产了。金融服务局主席卡勒姆·麦卡锡爵士在提交议会报告的前言中指出，苏格兰皇家银行利用了监管盲点。

> 全球重组集团面向客户的大部分活动，与中小企业客户的银行贷款功能相同，但在当时没有受到金融标准局的监管……我们现在认定的不正当行为对客户造成了广泛的不良影响，而这些行为大多

> 数发生在不受监管法规或原则约束的领域。因此，由于监管范围有限，受害者提起法律诉讼似乎不太可行。[18]

这是一个准国有化银行的行为，它踩着破产纳税人的残躯一路走来。2007 年，苏格兰皇家银行成为全球最大的银行，资产价值不到 4 万亿美元。

金融危机发生 10 年后，事情已经发生了变化，尽管未必是朝着正确的方向。由于对银行奖金的监管力度越来越大，一些富有创造力的员工为了获取更多的利益，利用现有的和不存在的客户来损害自己所在机构的利益。

几名举报人（来自困境中的苏格兰皇家银行及其下属的国民西敏寺银行）说，员工造假的动力比 2007 年之前更大。一位举报人说，员工为了满足他们“没有跟客户协商和讨论过的销售目标”，一直在误导或者欺骗客户购买他们不需要的产品。“破坏”客户的传统似乎已经扎根于苏格兰皇家银行的文化中。[19]

也许这有助于解释为什么尽管自 2014 年以来苏格兰皇家银行官方承诺苏格兰皇家银行要成为该国“最值得信赖”的银行，但事实上，其仍然是英国“最不受欢迎”的银行。[20] 在 2018 年夏天，经过四年的调查后，英国金融行为监管局得出结论，由于商业贷款不受监管，他们无法对苏格兰皇家银行和全球重组集团采取任何针对性行动。[21]

05

“员工是我们最大的资产”：高盛的算盘事件

对苏格兰皇家银行来说，由于其所在领域不受管制，它很容易通过损害小企业和零售商户的利益来获利。但是，如果客户是一个更复杂的机构呢？为什么要将自己局限为个人借款人呢？

让我们来看看高盛。不管是从规模还是成效上看，高盛都是世界银行业的翘楚，享有盛誉。碰巧，我有一位朋友是银行的高净值客户，她把自己的资产和房产交由高盛来管理。但是，在跟我们聊了金融业务的实质后，她就去找她的私人银行经理了解具体收费情况了。经理闪烁其词，并且一再拒绝透露具体的费用构成。她感到很困惑，于是将自己的资产撤回，并尝试去找其他的大型银行，但也遇到了类似的问题。最终，她选择了一家规模和名气都较小的机构。

高盛一向追求智能化和创新，可能不需要像我朋友那样的客户。它可以追随其他银行和机构开发不同规模的新业务。高盛出过一种著名的担保债务凭证叫作 Abacus，这是一款复杂的金融工具。彭博社的马特·莱文就担保债务凭证给出了一个简单的解释：

1. 投资者将资金放在一个“池”里。

2. 这个“池”将信用违约掉期卖给投行（高盛），也就是向高盛投保以抵御抵押债券违约风险（称为“参考投资组合”）。

3. 高盛为信用违约掉期支付溢价，这些款项被转移给担保债务凭证投资者。

4. 如果一些参考抵押债券违约，那么这个“池”里的部分资金将支付给高盛。“池”里的资金（以及高盛向投资者支付的溢价）就相应减少了。

5. 在交易结束时，投资者会收回“池”中剩下的东西，也就是他们的初始投资减去资金池中已根据掉期支付给高盛的参考抵押债券的违约金额。

整个方案就是对参考债券表现的赌注。无论是投资者还是这个资金池都不拥有参考债券，他们和债券的关系是人为的，完全来自与高盛签的衍生合约。[1]

特定的担保债务凭证协议引起了美国证券交易委员会的兴趣。该交易由高盛代表基金经理约翰·保尔森安排进行。2006年，保尔森认为，表面上高涨的美国房市其实处于困境之中。他找到高盛，希望它帮忙拟一份协议，以对赌次级抵押贷款。这种对赌可以有多种形式。保尔森选择将多种类型加以综合。如果做得好，这种对赌带来的收益将非常可观。保尔森希望通过与这类金融工具的发行机构进行掉期交易来做空美国次级房地产担保债务凭证。

碰巧高盛知道一个对这种掉期感兴趣的伙伴——德国工业银行（IKB）。他们有过业务来往。早在2004年，德国工业银行就委托高盛设计了一套担保债务凭证，由预先设定的住宅抵押贷款支持证券（RMBSs）支持。在使用Abacus品牌的首批交易中，德国工业银行找到了自己的交易对手方，以便在交易中获利。

Abacus 2007-AC 1与早期的结构不同。这种类别的典型保险交易需要参考外部人士选择的投资组合。只有当投资组合由外部人士进行选择时，德国工业银行才同意提供这种保险，这些外部人士承担了大部分风险并仅为保险支付费用。知道德国工业银行只有在投资组合由外部人选择的情况下才签署协议，高盛邀请ACA Management LLC（一家独立抵押贷款分析公司，以下简称ACA）帮助其选择证券。该计划的关键，也就是美国证券交易委员会指控的关键点，就是ACA与高盛和保尔森合作选择证券。ACA同意这样做，认为保尔森希望拥有一些高风险的证券。保尔森的动机恰恰相反：他想对赌所选资产。出于这种动机，他希望尽可能找到风险最高的证券。保尔森选择的123种证券中有一半以上被ACA否决了。[2]

2007年2月12日，ACA最终确定了作为选择代理人参与的协议。大约两周后，ACA和保尔森就最终的参考资产组合达成了一致。该交易包含约90股房屋抵押贷款债券，大小相等，总价值约20亿美元。然后，高盛将德国工业银行和保尔森之间的交易整合在了一起。德国工业银行并不知道保尔森在做空这笔交易。2007年4月底，德国工业银行投资了1.5亿美元到次级抵押贷款债券。2007年5月，ACA

的子公司 ACA 资本控股公司投资了 9.09 亿美元，随后，ACA 将这一投资转移给了荷兰银行。保尔森立即对这笔超过 10 亿美元的证券投资组合进行做空。短短几个月的时间，德国工业银行就几乎亏光了 1.5 亿美元。到 2007 年年底，荷兰银行（当时被包括苏格兰皇家银行在内的银行联盟收购）也损失了 8.4 亿美元。保尔森从这笔交易中获益约 10 亿美元。

美国证券交易委员会起诉高盛的案子是因为该银行从根本上打破了交易各方之间的信任。高盛故意设计了一种会失败的证券，和保尔森基金合谋欺骗德国工业银行和 ACA。在该交易的宣传手册中，没有提及保尔森准备做空所选的投资组合，非常具有误导性。此外，美国证券交易委员会认为，高盛“误导 ACA 相信保尔森正在投资于 Abacus 2007–AC 1 的股权，因此，保尔森和担保债务凭证投资者的长期利益是一致的”。[3]

为了让这个案例更加严密，美国证券交易委员会需要证明高盛存在蓄意歪曲事实的行为。具体而言，美国证券交易委员会需要证明这笔交易违犯了《证券交易法》第 10（b）条（特别是规则 10b–5）和《证券法》第 17 节。[4]

高盛仅从这笔交易中获利 1 500 万美元，但是这笔交易损害了德国工业银行和荷兰银行的利益，也对高盛声誉造成了潜在损害。对高盛来说，这不是一个明智的选择。随着这场民事诉讼的公开，高盛的股价一天内下跌了 13%，市值跌到 100 亿美元。[5]最终，高盛支付了 5.5 亿美元赔偿金，其中 3 亿美元是财政部的罚款，其余的则是对 ACA 和德国工业银行的赔偿。[6]

这一案例看起来更像是一个乌龙案例。那么，为什么高盛为了这么微薄的利润，损害了两个大客户的利益，并且让自己陷入了困境呢？

我们可以从高盛的行为中获得解释。高盛与当局达成了“延期起诉协议”。根据协议，高盛对其罪行既不承认也不否认。观察人士认为，这主要是回避大众对银行的关注，防止更多的丑闻被揭露。还有一种技术性的解释。华尔街专家认为，如果案件进入法庭听证会阶段，高盛可能会胜诉。由于法律文件中的技术语言以及法律概念的含混不清，银行有可能为自己辩护，称客户过于天真，或指责政府存在偏见。从法律上讲，高盛的 Abacus 2007-AC 1 没有任何不妥。对高盛而言，这也不是一笔大交易。事实上，华尔街内部人士马特·莱文坚持认为，一些人认为高盛将合成担保债务凭证出售给投资者，并秘密做空，这种说法是不准确的。他们也是合成担保债务凭证的受害者。[7]

还有一种战略上的解释。高盛一直以 Abacus 品牌开发其担保债务凭证业务，该品牌广泛应用于 16 种不同类型的合成担保债务凭证，总共价值 100 亿美元。保尔森准备付费“租用”这个品牌名称，虽然价值仅 1 500 万美元，但这对高盛来说具有很强的战略意义。总体来说，高盛的战略是成功的，直到美国证券交易委员会进行干预。到 2007 年，高盛已是第四大担保债务凭证承销商。[8] 从本质上讲，Abacus 是相当典型的合成担保债务凭证。换句话说，Abacus 不是一次性的，也不是专门为德国工业银行定制的。

高盛的网站上将公司的使命描述为：“员工是我们最大的资产——我们有充分理由强调这一点。只有员工有了决心和奉献精神，我们才能更好地为客户服务，为股东创造长期价值，为广大公众做出贡献。”在“人与文化”部分，高盛接着阐述：“我们努力的一个重要方向是，培养和维持多元化的工作环境和员工队伍，这对于满足我们多元化的客户群和社区的需求至关重要。”[9]

一个家族投资组合的经理告诉我们：“我们绝不同意与高盛会面，那些家伙不仅聪明，业务能力还特强。我们明白，一旦和他们接触，我们肯定会和他们签约的。但我们也知道，我们肯定会失败。所以，最好不要和他们会面。”和高盛这样的大公司合作需要付出代价，而高盛很少会是吃亏的那一方。

06

“一个简单的前提”：富国银行

危机也会带来机会。自 2009 年以来，财富管理部门持续发力，创造了很多契机，金融机构不仅有机会损害中小企业主的利益，也能损害超级富豪的利益。

我们来看看富国银行的案例。这是美国第三大银行，也是一个很好的研究案例。它同时陷入了三个丑闻中。第一，除了果戈理笔下的乞乞科夫和苏格兰皇家银行，富国银行的工作人员也开始伪造客户签名。自 2011 年以来，富国银行的账户中有 200 万个虚拟账户。第二，银行员工利用其交易结构强迫车主购买不必要的保险产品，似乎这种操作已司空见惯。第三，银行的资产管理部门（关注超级富豪的部门）一直在向客户收取未被披露或未经授权的费用，在其不知情的情况下让其购买附加产品甚至是虚假产品。

2016 年，有消息透露，自 2011 年以来，富国银行在没有通知用户的情况下秘密开立了数百万个未经授权的银行和信用卡账户。[1] 该银行的员工甚至创建虚假的个人识别码和电子邮件地址，以便为虚拟账户注册网上银行。虚拟账户不能为银行带来收益，但可以为富国银行的员工提高销售业绩，从而获得更多奖金，创造属于他们的个人收益。除此以外，还有超过 150 万个未经授权的存款账户。

从表面上看，虚拟账户没有任何价值，如乞乞科夫所言，他们还需要付出额外的时间、精力和资源来维护这些虚拟账户。那么，为什么富国银行的员工要这样做呢？其根本目的不仅仅在于获得奖金。

创建虚拟账户的方法很简单，在客户不知情或未经同意的情况下，银行员工将资金从客户的现有账户转移到新创建的账户中。由于原始账户中没有足够的资金，客户会因资金不足或透支费用而被收取手续费。富国银行员工在未经客户同意的情况下，还提交了 565 443 个信用卡账户的申请。其中大约 14 000 个账户产生了超过 40 万美元的费用，包括年费、利息费和透支费。[2] 2016 年 9 月，当这一事件败露时，约 5 300 名员工被解雇，首席执行官下台。富国银行致力于“监管机构要求的新行为标准”。[3]

富国银行在虚拟账户事件之前也发生过类似的侵犯客户利益的事情：恶意销售不正当车险。美国司机贷款购买新车时必须为新车购买车险，当汽车被盗或损毁时，车主可用该保险向银行支付款项。富国银行要求司机买自己的保险，并且在保险失效后强制续单。在富国银行工作的保险人员向已有保险的 57 万名客户销售了自己的车险。这一行为可以追溯到 2005 年。富国银行需要向客户退还约 1.45 亿美元，并将账户余额再减少 3 700 万美元。[4]

富国银行经销部门的销售目标在业界是出名地高，并且高于摩根士丹利和美国银行等同行。[5] 2018 年，新闻披露，富国银行的财富顾问经常在客户不知情的情况下，引导大客户购买一些另类的投资基金，一般来说，这些投资基金都是富国银行控股的。为了赚更多手续费，他们将客户的资金在存款证明和结构性票据等产品之间转移。资产超过 200 万美元的客户被纳入投资信托服务平台，被收取很高的费用。富国银行经常过度推荐投资业务，强迫客户投资风险较高的另类投资项目，如私募股权和对冲基金。较富裕的客户通常被置于 GAI Agility 收益基金或 GAI Corbin 多策略基金中，富国银行持有这些基金的多数股权，还可从中收取管理费。根据现任和前任员工的说法，这类问题在凤凰城东谷地区多发。[6]

在许多情况下，一旦客户签署了相关文书，顾问可以在不更新账户的情况下对账户进行多次更改，通常都会收取额外费用。[7] 还有一些内部操作：一些顾问会从拥有大量退保费用的年金中挽回一些客户，将他们放入另一种年费为 1%~1.5% 的产品中。[8]

富国银行顾问的另一种策略借助了该银行的 Envision 财务规划软件。一些顾问会在客户不在场的情况下运行 Envision 模拟软件，输入一些数字，让这一软件推荐客户投资已经参与的财富项目。一名内部人员透露，从 2016 年开始，员工就常输入虚假的或者不准确的用户信息，提高其计划金额，延迟赔偿金的赔付时间。[9]

向美国证券交易委员会承认了欺骗数千名客户后，富国银行在其网站上阐述了愿景：

> 我们希望在帮助客户理财的同时为其创造更多收益……这要求

> 我们围绕一个简单的前提开展业务：只有当服务提供者了解客户、提供可靠的指导并且可以满足其全方位财务需求时，客户才能得到更加优质的服务。[10]

损害客户利益在银行业中很常见，以致我们可以用术语来解释为什么会发生这一现象：关于产品的信息不对称（如苏格兰皇家银行的利率掉期）；缺乏对复杂金融知识的了解（如 Abacus 事件）；风险个性化（在任何交易中，风险最终与客户有关）；委托－代理困境（解释了代理人和客户之间的利益冲突）。实际上，冲突是现代金融运作中不可避免的一部分。这意味着客户在与金融机构打交道时处于劣势。

上述案例只能让我们窥见个中矛盾的一小部分，一些经济学家将这些矛盾归因于银行界的个别不良分子，但这种说法并没有使人们打消疑虑。

正如保罗·萨缪尔森多年前提出的，“有效市场假说”认为，银行和其他金融机构能够赚钱，是因为它们比一般人预测金融趋势的能力更强。另一个收入来源可能更好理解，就是雷曼兄弟会议上一个玩笑所说的，他们利用房间里“最愚蠢的人”来赚钱。房间里最愚蠢的人通常是客户，包括银行各分支机构服务的个人客户以及中小型企业。监管机构应该将它们损坏客户利益的行为归类为“极有可能”的职权滥用并采取相应行动，而不是将苏格兰皇家银行、高盛和富国银行当作局外人。

2018 年秋天，随着对苏格兰皇家银行和苏格兰哈里法克斯银行职权滥用行为的调查结束，英国金融业（银行业游说团体）委托编写了丑闻报告，建议加强金融监察并将最高补偿支出提高到 60 万英镑。该报告还称，小企业可以加入银行的自愿补偿计划。[11]

第三部分

消灭敌人：互相破坏

每年，《财富》杂志都会对世界上最受尊敬的公司和金融机构进行排名。这种排名分析不尽准确，也不具有预测性，只是汇总了大约 3 000 名精英商业人士的普遍观点。2007 年夏天，华尔街将雷曼兄弟评为世界上最好的银行，几乎所有的业务，包括创新、人员管理、企业资产使用、社会责任、管理质量、财务稳健性、长期投资、产品质量和服务质量方面，都位居榜首。贝尔斯登和高盛紧随其后。

但是，彼时正在蔓延的灾难很快就会击溃雷曼兄弟和贝尔斯登。作为《财富》杂志 2007 年评出的排名前两位的机构，这两家银行非常不幸地成了 2007—2009 年仅有的两家倒闭的大型银行。可能纯粹是运气太差，不像美国国际集团和其他机构，这两家银行没有得到美国政府的救助。从那以后，原本名单上排第三的高盛就一直位居榜首。

这也许并不是意外。还有一些机构也曾暗示高盛在职以及曾任职的员工在当时美国政府中扮演了重要角色。[1] 虽然具体细节尚未得到证实，但行业内部人员大多数都心知肚明。

从理论上讲，金融经济学主要关注的是竞争和效率、融资渠道和金融体系稳定性等问题。但实际上还有另一种竞争形式，与上述竞争关系不大。这就是金融机构之间残酷的竞争游戏，由银行系统中的首席执行官和高级管理人员精心策划，还有对冲基金等强大玩家参与其中。这种竞争游戏与在经济学或金融系统中能否提供有效服务无关。事实上，金融经济学领域几乎不涉及这类游戏。这是一场关于杀戮和生存的游戏，胜者为王，坐享巨额收益。

银行和其他金融机构采用的破坏策略旨在摧毁竞争对手，并且为下一次战斗做好准备。获胜的玩家成长为一个“大而不能倒”的企业，这是我们在第四部分讨论的破坏国家的一个主要策略。与此同时，银行和金融机构需要彼此作为交易伙伴，否则它们根本没有生意。因此，这种游戏是错综复杂的。参与者的目标并不是完全垄断，而是相对垄断，是削弱竞争对手并使其在食物链上走下坡路。

我们从贝尔斯登的故事开始讲起。2007 年，贝尔斯登在《财富》杂志上的排名是全球第二，但是这家银行却在 2008 年倒闭，被其主要竞争对手之一收购。虽然表面上贝尔斯登的失败是因为金融效率低下和挥霍无度，但深入了解后会发现，它被收购更像是因为同行之间的协同破坏。

07

谁导致了贝尔斯登的破产

在金融危机前夕，人们一致认为贝尔斯登面临的状况和其他银行没有什么不一样，坏账积压令其不堪重负。在雷曼兄弟银行倒闭一年后，贝尔斯登的状况也急转直下。调查表明，这不仅仅是金融破产。相反，我们发现了一连串的奇怪事件，它们很有可能是高盛精心策划的协同破坏事件。

贝尔斯登成立于1927年，1985年就成为一家上市公司。[1] 20世纪90年代，贝尔斯登承担了其他金融机构的经纪和结算业务。其他同行都不太喜欢“精简、斗志旺盛、渴望获利”的贝尔斯登。《华尔街之战：贝尔斯登72小时覆灭记》是一本讲述贝尔斯登倒闭事件的畅销书，该书将贝尔斯登定位成一家“不太关心外在”的银行。[2] 贝尔斯登似乎很享受“华尔街坏孩子”的名声，自豪地招聘其他公司不要的员工，为陪同访客提供“艺伎女孩”并拒绝主流的商业行为模式。[3]

有一个版本的传言称，最终搞垮贝尔斯登的协同破坏开始于2007年夏天之前。这个故事始于1998年8月17日，俄罗斯政府拖欠债务，外国投资者遭受了数百万美元的损失。俄罗斯违约扩大了全球金融市场的恐慌情绪。其最主要的受害者之一就是长期资本管理（LTCM）基金，这是一家由两位诺贝尔经济学奖得主经营的精品对冲基金。[4] 其合伙人凭借布莱克－肖尔斯模型被授予诺贝尔经济学奖，这一模型直到今天仍广泛应用于计算金融衍生品的价格。但俄罗斯的违约风险远远超出了该模型的设计范围。此前，长期资本管理基金受到亚洲金融危机的打击，在一天内遭受了5.53亿美元的损失。这相当于其资本的15%。一个月内，它损失了近20亿美元。由于无法改变其头寸，长期资本管理基金不可避免地走上了下坡路。

该机构的内爆不仅对长期资本管理基金及其创始人是一个重大打击，对整个华尔街也是一场灾难。这一基金要是崩溃了，华尔街的大部分工作内容，包括智能金融、金融工程、关系、声誉等都将受到影响。美联储不得不介入并为长期资本管理基金提供支持。美联储当时的主席艾伦·格林斯潘要求14家主要的银行经纪商[5] 进行私募来救助长期资本管理基金。[6] 其中13家同意了，但贝尔斯登的首席执行官吉米·凯恩拒绝参与。

事实上，迫于外界压力，最终贝尔斯登贡献了5亿美元。其他华尔街公司别无选择，只能在商定的2.5亿美元救助计划的基础上再支付5 000万美元。[7] 为了让贝尔斯登出资，这些公司用长期资本管理基金的清算业务来进行威胁。据报道，吉米·凯恩回复说："你们保证过贝尔斯登不会被清算，我认同这一点。我们不会被清算。顺便说一句，如果你们再想和贝尔斯登合作，那就需要三倍的利率。”[8]

金融圈子的记忆很有意思。我们经常听说华尔街和纽约市缺乏机构记忆。错误很快被遗忘了，新一代金融家很少对其前任的经历有任何了解，更不用说回忆了。尽管如此，美联储和其他主要银行不会忘记这一事件。10 年后，寓言就这样成真了。它们拒绝帮助贝尔斯登摆脱困境，就像 1998 年贝尔斯登拒绝帮助当时陷入困境的机构一样。

毫无疑问，这个故事版本中有某种真实的元素。但有证据表明，高盛领导的一些银行和对冲基金不仅拒绝为贝尔斯登提供帮助，而且很可能是贝尔斯登麻烦的元凶。

像很多其他银行一样，贝尔斯登对即将到来的危机毫无准备。它在其 2006 年度报告中还自夸：“我们连续三年在美国抵押贷款支持证券承销中排名第一，在可调利率抵押贷款证券化中名列前茅，并在全球担保债务凭证市场排名前五。”[9]

然而实际上，贝尔斯登的资产负债表显示它正在走下坡路。其中两家由拉尔夫·乔菲和马特·坦宁共同管理的内部对冲基金、高级基金和增强杠杆基金，错误地加载了过多的住房抵押贷款证券化。从 2003 年开始，乔菲和坦宁的每笔资金都亏损了。到 2007 年 2 月，他们开始忧虑次级抵押贷款市场。当月早些时候，主要抵押贷款机构新世纪金融因其抵押贷款交易估值不合理而下调盈利预测。[10] 截至 2007 年 3 月，全美 25 家抵押贷款机构或已经停业，或宣告破产，或自行出售，或宣布重大损失。[11]

与事实不符的是，贝尔斯登坚持认为其对住房抵押贷款证券化的影响微不足道。[12] 尽管有所保证，但两只对冲基金的表现却迅速恶化。

2007年7月17日，贝尔斯登终于宣布关闭这两只基金；2007年8月3日，标准普尔公开表示，两只失败的基金可能会给母公司带来问题，将贝尔斯登信贷评级从“稳定”下调至“负面”。[13]

接下来几个月里发生的事情就像坐过山车一样。贝尔斯登意识到凯恩在华尔街声誉不佳，[14] 2008年1月任命艾伦·施瓦茨为新任首席执行官，取代了凯恩的职务。施瓦茨宣布该年第一季度贝尔斯登每股赢利1美元。[15]凭借约180亿美元的现金，贝尔斯登的流动资金比率超出了监管机构的要求。换句话说，到2008年年初，贝尔斯登似乎已从两只对冲基金的分崩离析中恢复过来。

但是，2008年3月初，谣言开始传播，贝尔斯登和雷曼兄弟都面临严重的坏账风险。谣言可追溯到一家对冲基金大西洋投资顾问的分析，该公司总裁计算出，贝尔斯登和雷曼兄弟的信用违约掉期在一个月内迅速增加。对冲基金总裁得出结论：“在我这里，它们已经破产了。”[16]另一位许多领先对冲基金的重要顾问、金融技术公司S3 Partners的鲍勃·斯隆也持相似的观点。截至2008年3月，斯隆的客户已从贝尔斯登公司撤回了250亿美元资金。[17]

2008年3月7日，星期五，一家知名的欧洲银行[18]拒绝了贝尔斯登20亿美元短期贷款的请求，[19]贝尔斯登的致命危机就此开始了。《财富》杂志写道，这笔贷款被拒绝，相当于你的好友拒绝在发薪日前一天借给你5美元。[20]接下来的星期一，一家大型评级机构降低了贝尔斯登发行的所有住房抵押贷款证券化的评级。[21] 3月11日，星期二，美联储宣布将从3月27日开始为陷入困境的证券公司提供2 000亿美元的国债。[22]投资者得出的结论是，美联储正在准备拯救一家失败的证券公司，很有可能是贝尔斯登。

就在星期二，贝尔斯登的新任首席财务官塞缪尔·莫利纳罗在消费者新闻与商业频道（CNBC）澄清关于贝尔斯登头寸的谣言，他强调说："我们没有流动性危机，也没有追加保证金。这是无稽之谈。"与此同时，三家知名的华尔街银行高盛、瑞士信贷和德意志银行，从对冲基金市场收到大量关于贝尔斯登的合同变更请求，其中包括城堡投资集团（Citadel Investment）和保尔森基金。[23] 这些请求的内容主要包括：允许金融公司出售合同，将信用风险转移给第三方，并收取费用。这些合同变更请求提出的时机特殊，而且它们由对冲基金引发并仅发送给三家银行，这给阴谋论者提供了很大的发挥空间。随后，贝尔斯登的首席执行官艾伦·施瓦茨惊讶地发现，所有的合同变更请求都被发送给了同样的三家公司，这意味着，这些请求是那些对冲基金在对贝尔斯登进行攻击。[24]

高盛和瑞士信贷的高管们试图通过告诉其交易员持有所有贝尔斯登的合同变更请求来减缓这一趋势，但这只是让事情变得更糟了。[25] 瑞士信贷用邮件给许多交易人员发布了一份备忘录，阻止贝尔斯登的合同变更申请，这也为广泛的谣言和八卦提供了素材。高盛的措施更加严格，它告知其至少两家对冲基金客户，他们将不再与贝尔斯登进行交易。[26] 两家华尔街银行向世界宣布，它们已经失去了对其主要贸易伙伴的信任。

来自海曼资本的凯尔·巴斯是收到高盛电子邮件的客户之一。他承认自己收到邮件时很惊讶。他打电话给高盛的一位朋友，以确认信息的真实性。得到的回复是："因为风险太大，高盛已经终止和贝尔斯登的一切交易。他们玩完了。”[27]

3月12日，星期三，高盛和瑞士信贷的电子邮件被泄露。消费者新闻与商业频道对贝尔斯登首席执行官艾伦·施瓦茨的采访使情况变得更加复杂。消费者新闻与商业频道记者告诉施瓦茨，他了解到，一家交易机构的信贷部门由于担心银行的健康状况，暂停了与贝尔斯登的交易。[28] 虽然交易最终还是完成了，但已经对贝尔斯登造成了巨大损失：大众都知道，华尔街的主流机构不再信任贝尔斯登。这场采访对贝尔斯登造成了广泛的负面影响。大多数对冲基金撤出了它们的投资，这极大地破坏了银行的流动性。贝尔斯登的流动资金从星期一的181亿美元下跌至星期二的124亿美元，截至星期三中午时分更是下降至30亿美元。[29]

次日下午，通过信用违约掉期担保1 000万美元债务的成本从前一个月的约35万美元增加到超过100万美元。[30] 星期二晚上，银行拒绝为贝尔斯登提供任何信用保护。如果星期四早上回购贷款人仍然乐意与贝尔斯登交易，那么到了中午、下午，他们也会退出。[31] 截至星期三晚上7点，贝尔斯登的高管意识到，大约300亿美元的回购贷款将在第二天不再滚动，要想活过星期五，他们还需要约150亿美元。[32] 贝尔斯登只能在第二天寻求紧急贷款或申请破产。[33]

转　机

转机发生在星期四晚上。一直以来都很热衷于成为商业巨头的摩根大通表示有兴趣接管贝尔斯登的主要经纪人职能。摩根大通的首席执行官杰米·戴蒙被当时在纽约联邦储备银行的蒂莫西·盖特纳召集。摩根大通不打算提供贝尔斯登所需的150亿美元紧急贷款。如果第二天这种情况继续，摩根大通可能会失去全部资金。摩根大通团队要求美联储来承担这一风险。晚上11点，摩根大通高管团队抵达贝尔斯登总部评估情况。到了第二天凌晨4点，摩根大通确定了一项安排：摩根大通将向贝尔斯登发放贷款，这是摩根大通从中央银行借来的资金。贷款延长了28天。[34]

第二天，也就是星期五，情况似乎开始好转：市场似乎并未对隔夜交易感到担忧。几个小时后，暴风雨袭来。银行挤兑升级，贝尔斯登的资本储备迅速耗尽。14日星期五的晚上，财政部长汉克·保尔森打电话给贝尔斯登的首席执行官。保尔森威胁施瓦茨说，如果星期日贝尔斯登还没有安排收购，政府就要削减前一天晚上授予的信贷额度。周末，几位竞标者与贝尔斯登的高管进行了谈判，但最终都没有谈成。甚至摩根大通也不想购买了。做过一些研究后，摩根大通意识到贝尔斯登的价值仅为2.36亿美元。这只是其总部大楼价值的1/5。[35]汉克·保尔森和蒂莫西·盖特纳不得不说服摩根大通的杰米·戴蒙，他可以得到一份由央行保证的廉价交易。贝尔斯登最终以每股2美元的价格出售，后来涨到10美元。而年前贝尔斯登股票交易价格为170美元。[36]

贝尔斯登的垮台不可避免吗？业内许多人认为，贝尔斯登的消亡非同寻常。华尔街传播着很多谣言，通常行业内的机构为陷入困境的机构做担保即可破解这些谣言。虽然流动性差，但贝尔斯登的日常业务在短期内仍能照常进行。事实上，在此之前，从来没有哪一家银行单独成为谣言中伤的对象。通常，这种程度的崩溃都是由重大丑闻或起诉引发的。更糟糕的是，此时的崩溃其实本来可以避免。美联储在2008年3月11日星期二宣布，如果对冲基金坚持与贝尔斯登交易13天，它将确保贝尔斯登获得高质量的美国国债，以换取任何非流动性的抵押贷款支持证券。[37]

贝尔斯登的员工认为，它的倒闭是同行破坏的结果。其前首席执行官吉米·凯恩公开表示，关于流动性的传言是被人有意放出来的，“是谣言，是影射”。凯恩在其证词中说，我不会使用“阴谋”这个词，但它是其中的一部分。[38] 崩溃期间担任首席执行官的艾伦·施瓦茨也直言不讳，直指高盛的协同攻击导致了贝尔斯登倒闭。施瓦茨怒怼高盛首席执行官劳埃德·布兰克费恩。[39] 贝尔斯登的高管认为，高盛与多家对冲基金合作，卖空贝尔斯登的股票，以便随后从崩盘中获取巨额利润。[40] 贝尔斯登将文件交给证券交易委员会以调查内幕交易和市场操纵，但调查没有发现任何实质性的证据。

数据说明了一切。在贝尔斯登破产前三周，高盛和对冲基金城堡投资集团以及保尔森基金退出了大约400笔与贝尔斯登的交易，远远超过了正常的范畴。[41] 在贝尔斯登内部，有传言称德意志银行正在卖空（这意味着投注反对）贝尔斯登，并且高盛和城堡投资集团都在致力于扳倒贝尔斯登。[42] 一位不愿透露姓名的大型投资银行的副主席说：

> 我觉得任何公司，无论资本如何雄厚，都经受不住这种卖空轰炸。这与资本无关，主要是人们受到那些想搞垮贝尔斯登公司的人散布的谣言影响，对其失去了信心……我认为“贝尔斯登”事件是有史以来最大的金融犯罪 。[43]

08

恶有恶报：

苏格兰皇家银行的兴衰

2008 年金融危机时，在大西洋的另一边，银行业也出现了大规模的倒闭。接下来，我们回顾一下苏格兰皇家银行的一次奇怪决策，这个决策最终造就了有史以来规模最大的银行收购案，即对处境困难的荷兰银行（ABN AMRO）进行恶意收购。这笔 480 亿英镑（合 700 亿美元）交易额的合并案是金融服务业有史以来规模最大的。因为这个决策成了对苏格兰皇家银行的“致命一击”，所以英国政府才需要在 2009 年接管。这次合并常被形容为苏格兰皇家银行的一次草率决断和未完作业。但是，苏格兰皇家银行对荷兰银行的重大收购不仅代表判断失误，似乎苏格兰皇家银行昔日的合伙人桑坦德银行（Santander），甚至巴克莱银行都曾多次采用积极破坏行动促使其走上了这条道路。

1992 年，乔治·马修森成为苏格兰皇家银行的首席执行官。马修森是一个有计划的人。他想到一个好主意，与其为人鱼肉，不如自成刀俎，让自己“大而不能倒”，这样就安全了。马修森的时机掌控得十分完美：1986 年的《建筑协会法》取消了行业限制，允许建筑协会进行股份化并与其他“高街银行”竞争。法院也不再维持很早之前苏格兰银行与英国其他地区银行之间的“绅士”协定，该协定将那些银行的发展限制在了当地。[1]

1987 年，汇丰银行对英国四大银行之一的米德兰银行进行了部分收购。这给苏格兰皇家银行敲响了警钟。当时，苏格兰皇家银行并没有收购米德兰的能力，然而马修森却早已准备好，他想把不可能变为可能。[2] 不久之后，苏格兰皇家银行鼓起勇气，试图收购几个建筑资金融资合作社，但最终大部分合作社被其他大型银行收购了。大型银行毫不留情地割裂了英国银行业。那些没有成功捕获猎物的银行很快便沦为别人的猎物。苏格兰的这两家银行，苏格兰皇家银行和苏格兰银行都处在英国银行的竞争追逐之中。2001 年，苏格兰银行与哈利法克斯合并为苏格兰哈利法克斯银行（HBOS），后者又被劳埃德银行于 2008 年收购，这是另一个关于阴谋和破坏的惨淡故事。汇丰银行分别于 1982 年和 1996 年两次试图收购苏格兰皇家银行。到 20 世纪 90 年代末，苏格兰皇家银行的名字已经出现在好几家银行的“菜单”上了。[3]

于是，苏格兰皇家银行唯一的选择便是加入更高级别的精英银行行列，从而避免被恶意收购。一开始，苏格兰皇家银行考虑对巴克莱进行恶意收购，但最终勉强收购了国民西敏寺银行——英国剩余的“三巨头”之一。虽然国民西敏寺银行被称为“搁浅的鲸鱼”，经历了一次又一次危机，但它的规模仍然是苏格兰皇家银行的三倍。[4] 为了参与收购国民西敏寺银行的竞标大战，苏格兰皇家银行不得不“把每一分钱都用在刀刃上”，因而，其债务与股本比率上升到了一个十分危险的高度。[5]根据当时观察人士的说法，210 亿英镑的收购背后几乎没有什么经济逻辑，总体来说，这是一种为了让自己不被盯上的“防卫策略”。苏格兰皇家银行这次昂贵的合并战略很简单：“解雇国民西敏寺银行的大多数人，并从其 600 万客户中榨取最大的价值。”[6]我们在前文讨论了本次收购的一些成果。

苏格兰皇家银行收购国民西敏寺银行的传奇被写入了哈佛商学院关于并购的经典案例。就苏格兰皇家银行而言，这次收购是值得冒险的。这次冒险成功地帮助苏格兰皇家银行打入国际市场，使其成为英国第三大和欧洲第七大银行。[7] 2007 年，它的规模跃居全球榜首。

与国民西敏寺银行的合并将苏格兰皇家银行的另一个人物推到了商界前沿，那就是弗雷德·古德温。他虽在此次收购中扮演了关键角色，但很快就想要以自己的名义签署类似成功收购国民西敏寺的协议。他选择在一次竞标大战中挑战巴克莱银行，而他们的目标则是处在困顿中的荷兰银行，这是荷兰最大的银行之一。

对荷兰银行的收购并非出于任何经济考量。弗雷德·古德温后来承认：“显而易见，这笔交易带来的收益顶多只能算是将就。”[8]对苏格兰皇家银行而言，这无疑是“杀敌一千，自损八百”。

2007 年早些时候，有传闻说苏格兰皇家银行或巴克莱银行将很快被一家美国银行收购，传闻提及了摩根大通银行和花旗银行。当古德温得知巴克莱银行正在与荷兰银行进行谈判时，他得出的结论是，这次交易将使苏格兰皇家银行变得脆弱不堪，以致它很可能被其中一家美国银行收购。[9] 那时，苏格兰皇家银行一直渴望收购荷兰银行的子公司拉萨尔银行（LaSalle），这是一家美国精品投行。拉萨尔银行是荷兰银行皇冠上的明珠。如果收购了它，苏格兰皇家银行将升入美国乃至全球投资银行业的塔顶。然而，似乎苏格兰皇家银行试图收购荷兰银行的举动并非出于经济逻辑，而只是旨在防止其竞争对手巴克莱银行的阻挠。

战略方面的考虑，尤其是出于干扰巴克莱银行与荷兰银行谈判的目的，使得荷兰银行的估值过高。荷银的首席执行官里莱克曼·格罗宁克赞成与巴克莱银行善意合并。为了匹配巴克莱银行的报价，苏格兰皇家银行依靠其长期业务合作伙伴西班牙的桑坦德银行和较小规模的比利时－荷兰银行，成立了一个财团富通银行（Fortis）。这将被证明是又一个致命错误。巴克莱银行与荷兰银行私下谈判的合并是友好的，因此，前者可以获得后者的账簿。[10] 相比之下，苏格兰皇家银行则是发起了一项恶意收购，因此，很难获得荷兰银行的账簿。古德温抱着"自求多福"的心态提议现金交易，并相应地采用了尽职调查的方法。[11] 2007 年 7 月，巴克莱银行首席执行官约翰·瓦利为荷兰银行做出了 676 亿欧元以股份为基础的最终报价。这一消息是在由苏格兰皇家银行牵头的财团公布其 711 亿欧元以现金为基础的报价之后出现的。不出所料，荷兰银行的股东，尤其是对冲基金投资人，更喜欢高于巴克莱银行报价的现金支付。

对苏格兰皇家银行而言，这笔交易迅速失败。2007 年 10 月，拉萨尔银行（苏格兰皇家银行对荷兰银行感兴趣的主要原因）被出售给了美国银行（Bank of America）。失去皇冠上的明珠之后，由苏格兰皇家银行牵头的财团面临成本高于最初预期的状况。更糟糕的是，虽然合并后的银行可能分裂到不同的财团合伙人名下，[12] 但荷兰央行（DNB）仍要求苏格兰皇家银行对荷兰银行负责，确保其完整性。换句话说，风险仅留给了苏格兰皇家银行，而不在财团。[13]

古德温两次试图退出收购。第一次是在 2007 年 7 月中旬，当时荷兰最高法院裁定，荷兰银行可以出售拉萨尔银行。[14] 第二次是在 2007 年 8 月。然而，苏格兰皇家银行为其与财团合伙人签署的法律协议所困扰。律师告诉苏格兰皇家银行，退出收购的话，苏格兰皇家银行财团合伙人和荷银的股东将会发起诉讼。[15] 财团合伙人在此次交易中始终是赢家。在富通集团考虑退出的时候，美林银行担任了此次交易的唯一顾问，在成功收购后可以赚取 6 亿美元咨询费。[16] 桑坦德（据称是苏格兰皇家银行的长期合作伙伴）威胁说，如果协议得不到维护，它就会提起诉讼。桑坦德还计划转售其在荷兰银行的股份，而美林证券则指望收取数亿美元的咨询费。

有这样的朋友真是……

荷兰银行的交易标志着桑坦德与苏格兰皇家银行长期合作宣告结束。起初，桑坦德和苏格兰皇家银行都属于地方银行，而此时，行业竞争变得越发激烈，于是两家银行达成了协议。1988 年 10 月，苏格兰皇家银行与桑坦德建立了战略联盟，该联盟涉及两家银行及董事之间的交叉持股。[17] 此次长期合作的重点在于合资或追寻其他商机。[18]

1986 年，埃米利奥·博廷从父亲手中接任桑坦德首席执行官，将该银行从西班牙资产规模第六大的银行变为西班牙乃至拉丁美洲第一大的银行。[19] 与苏格兰皇家银行的马修森一样，博廷重新定义了其银行的扩张战略。1992 年，博廷获得了西班牙信贷银行（Banesto）的控股权，这是他继任以来的第一次收购，随后他在西班牙乃至全球范围内开展了更多交易。截至 2015 年，西班牙境外利润占到桑坦德利润的 87%。[20] 其目标是将业务扩展至拉丁美洲和英国。今天，英国是桑坦德收入的最大贡献者。

苏格兰皇家银行决定和桑坦德开展合作，以便在银行业优胜劣汰的文化中生存下来。它们之间的联盟为苏格兰皇家银行提供了一个参加非正式高层论坛的机会。在这个论坛上，马修森和一位同事可以与桑坦德的同行交换意见并仔细考虑战略选择。[21] 其综合战略就是在时机成熟时逐步掌控英国银行业。桑坦德最终合并了三个非互助化的建筑资金融资合作社：阿比国民银行（2004 年），联合莱斯特银行（2008 年）和部分布拉德福德 - 宾利银行（2008 年）。然而，在其合作结束时，只有桑坦德笑到了最后。荷兰银行的交易帮助桑坦德获得了荷兰银行在巴西的子公司——雷亚尔银行（Banco Real），这使得桑坦德成为巴西第四大银行。桑坦德银行还希望将其意大利子公司——安东维内达银行（Banca Antonveneta）以 90 亿欧元的价格转售给意大利西雅那银行（Monte dei Paschi di Siena），而此前其估价仅为 66 亿欧元。[22] 桑坦德首席执行官阿尔弗雷德·萨恩斯直言不讳地说："我们得到了荷兰银行最好的部分，在这场厮杀中，我们获得了最好的肉。只有我们笑到了最后。"[23]

收购完成后，获得胜利的博廷拒接了古德温的电话，[24] 30 年的合作关系终结了。与苏格兰皇家银行不同，桑坦德在全球金融危机中相对较好地生存了下来，主要因为它专注于零售银行业务，而且几乎没有接触任何美国的次级抵押贷款。[25] 实际上，自 2009 年 1 月起，桑坦德就游说了欧盟委员会，对国有企业劳埃德银行及其旧盟友苏格兰皇家银行所获得的国家资助展开调查。桑坦德游说欧盟委员会是为了使“两家银行解散，好让自己能够以甩卖价格择优选购”。[26]

该战略奏效了：2009 年，伦敦和布鲁塞尔当局批准了桑坦德竞标苏格兰皇家银行的分行——威廉斯 – 格林银行（Williams & Glyn）。[27] 因为要追求廉价交易，所以桑坦德银行多次退出竞标，但它仍然表示，如果总部在爱丁堡的银行愿意降低其要价，它还是可能重返竞标现场的。[28] 如果收购荷兰银行是对苏格兰皇家银行的致命一击，那么桑坦德则是苏格兰皇家银行被逼入死角的关键。

巴克莱占据上风

目前尚不清楚的是，是什么促使巴克莱长期以来一直对荷兰银行竞购。巴克莱知道，苏格兰皇家银行此时收购荷兰银行估价过高，而只要巴克莱继续处在这场角逐之中，其竞争对手的成本就将保持高位。相应地，这对荷兰银行里手持对冲基金的股东来说是有利可图的，对巴克莱银行当然也是如此。对苏格兰皇家银行相关书籍的回顾性评估表明，如果荷兰银行没有被收购，那么即便在 2008 年和 2009 年上半年之间，苏格兰皇家银行也会或多或少地破产。荷兰银行贡献了合并后的苏格兰皇家银行同期营业亏损额的 75%~144%（取决于不同的统计口径）。[29]

那么，是否巴克莱银行也将苏格兰皇家银行推向了崩溃之路？或许是因为巴克莱打出了一场十分漂亮的比赛，又或许仅仅是因为运气。看起来，巴克莱也确确实实试图与苏格兰皇家银行展开竞争。例如，巴克莱试图集合多家对冲基金来卖空其股票，从而达到削弱财团合作伙伴富通银行的目的，它还试图扼杀富通银行计划中 135 亿欧元的配股权。[30] 这个策略虽然成功地破坏了财团的地位，但还是失败了，因为大多数对冲基金都押注在荷兰银行的股票上，所以，它们更倾向于由苏格兰皇家银行牵头的财团保持高价。

无论如何，截至 2007 年 8 月，巴克莱自己的股价下跌，其以股票为基础的报价则下降得更多。作为一家英国银行，巴克莱向英国央行启动备用资金，其目的是向后者以 6.75% 的惩罚利率贷款 16 亿英镑的高额资金。[31] 虽然巴克莱将此次向央行贷款的事情归咎于清算系统的技术故障，但这是其两周内第二次使用这个借口了。在股价下跌的前几天，几位领军人物离开了巴克莱。在巴克莱时，他们负责债务抵押债券（CDOs）和结构性投资实体（SIVs）建设。[32] 高级员工的离开使全球金融市场感到紧张，这较早地预示了巴克莱将颇受美国债务的毒害。这个预示在几个月后得到了印证，巴克莱不得不筹集资金以避免政府救援。自 2008 年 6 月以来，巴克莱从卡塔尔和新加坡的投资者那里获得了总计 61 亿英镑的两笔款项。[33]

随着其股价下跌，巴克莱再也无法与苏格兰皇家银行牵头的财团进行竞争了。然而，即便巴克莱知道荷兰银行的账面上记录了什么（更多的不良债务），它仍然在收购荷兰银行的角逐中当仁不让，直至

2007年10月。当时的观察者对此感到十分困惑,《每日电讯报》写道："不寻常的是，当高盛集团和摩根士丹利国际银行这两家位居全球榜首的银行在过去一个月股票分别下跌14%和27%时，巴克莱和苏格兰皇家银行竟疯了似的想要以如此高额的溢价购买这家二流银行。"[34]大多数专家都认为，荷兰银行的股价在竞标过程中被高估了："若不是这股竞标热潮，荷兰银行的股价可能会暴跌40个百分点。"[35]

2007年10月5日，巴克莱银行正式退出这次收购行动。在那时，金融危机已经吞噬了贝尔斯登公司和北岩银行（Northern Rock）。观察人士看到了收购荷兰银行的不利因素，但仍然认识到，是压力驱使着巴克莱银行的扩张。例如,《纽约时报》写道，退出竞标意味着巴克莱现在必须想出一个计划，既可以帮助自己扩张，又能够满足投资者的需求。[36]评论再次表明，即使在危机中，相较于消灭竞争对手所带来的短期利益，收购资产的质量也显得无足轻重了。

09

留心好建议：德意志银行在冰岛的好帮手

“请慎重考虑耗费 720 亿欧元收购荷兰银行一事。”据说这是瑞银集团负责此次交易的银行家约翰·克莱恩在 2007 年 8 月对苏格兰皇家银行的忠告。[1]

苏格兰皇家银行并没有把这个建议放在心上。2015 年，约翰·克莱恩在业内因其高尚的职业道德而备受尊敬，因而担任了德意志银行的掌门人。[2] 临危受命，他的工作并不轻松，该银行在 2008 年后的收益一路下滑，一部分原因是巨额罚款和与各当局庭外和解的费用。德意志银行还受到过更严重的指控，比如操纵伦敦同业银行拆息（LIBOR），在 2007 年之前违规销售次级抵押贷款，助长镜像交易，甚至可能还通过俄罗斯以及更多其他国家来洗钱。德意志银行显然没有受到这一指控的影响，一位内部人士回忆起德意志银行处理这些风险的途径时说道：“当发现问题时，它会首先确认罚款的数目是多少，如果不是什么天文数字的话，银行管理层似乎很乐意承担风险。”[3]

克莱恩此时不得不着手解决德意志银行根深蒂固的企业文化问题，以及2008年金融危机的遗留问题，尤其是德意志银行的高杠杆率问题。他驳回了高风险业务并大幅削减了奖金。在克莱恩的领导下，2016年德意志银行做出了前所未有的决定，而因为其结果不尽如人意，公司奖金几乎被削减殆尽。[4] 约翰·克莱恩在德意志银行的员工中并不受欢迎。2018年4月，德意志银行的投资人迫使克莱恩退位。

要了解德意志银行的冒险精神，只需要了解冰岛特别检察官的调查结果，以及德意志银行如何左右了冰岛克伊普辛银行（Kaupthing）的崩盘。

那是2008年，冰岛克伊普辛银行陷入险境。该银行本是北欧地区第三大银行，2007年年底总资产高达580亿欧元，已经超过了整个国家的资产。[5] 克伊普辛银行在短短4年内进行了大规模扩张。2007年年初，当国际信贷开始停止运转的时候，它扩大了对外贷款的数额。德意志银行在2007—2008年金融危机中脱颖而出，原因之一在于克伊普辛银行将其当作了顾问，这是一个致命错误。利用弱点来对别人的盈亏总额进行操纵，在银行业和金融业中十分常见。德意志银行在克伊普辛银行找到了一个不错的生财之道，而代价则是克伊普辛银行无法继续生存。

预示着克伊普辛银行即将出现问题的一个迹象是，其信用违约掉期的点差扩大。信用违约掉期是一种金融工具，可以作为有效确保公司信用的合约。信用违约掉期的买方（通常有潜在信用风险）既不受违约影响，也不受负面信用事件的影响，这些负面信用事件会影响承保该信用违约交换的债券。信用违约掉期的点差扩大意味着，对潜在违约的保护变得更加昂贵。反过来说，违约发生的可能性变大，进而参考实体的信誉降低。2007 年夏天银行业崩溃前夕，克伊普辛银行信用违约掉期的点差约为 30 个基点。2008 年 3 月，信用违约掉期的交易价格约为 706 个基点。[6] 克伊普辛银行陷入了麻烦。

克伊普辛银行的董事们更感兴趣的是找出该银行失败（其信用违约掉期点差的扩大）的原因并加以解决，他们并不想理会银行破产这一潜在问题。他们的“白衣骑士”——德意志银行此时出现了，提供了帮助和建议。弱点总被无情地利用，成为快速赚钱的方法，这在银行业弱肉强食的环境中十分常见。趁着克伊普辛银行有困难，德意志银行夺走了其一切——客户、冰岛政府甚至克伊普辛银行自己。这个故事于一年后由克伊普辛银行当时的董事长西格德尔·埃纳森讲述，此外，冰岛特别调查委员会（SIC）2010 年的一份报告也证实了此事。[7]

德意志银行建议克伊普辛银行将所有可用的流动资金（大部分为养老基金）用于回购自己的短期债券，以便使其信用违约掉期的利差曲线趋于正常化，这相当于操纵其市场。除此之外，当克伊普辛银行的流动资金变得稀缺时，德意志银行就开始发放信贷，以使克伊普辛银行继续按照此计划进行。这个故事由冰岛检察官的报告讲述。

2008 年夏天，一位德意志银行员工的电子邮件中出现了交易信用联结票据的想法。邮件上说，这次交易将对信用违约掉期的利差产生直接而非间接的影响，就像是发行人去回购自己的票据一样。邮件上还说，这次交易还将得到资助。邮件的结尾处说道，若要将这次交易的利益最大化，就得掐准时机。此后，在西格德尔·埃纳森与赫雷达尔·马尔·西于尔兹松之间的邮件中，两人一致认为交易不必动用养老基金，虽然如此，他们还是坚信有必要这么做。[8]

德意志银行一直否认自己此次作为意见提供者来操作市场的阴谋。它声称，自己的作用仅限于发行信用联结票据，以此来促成交易。德意志银行声称不知道克伊普辛银行是通过客户为这些票据融资的。然而，冰岛方认为，鉴于这种情况，德意志银行肯定事先有所了解。德意志银行不仅策划了这个阴谋，而且把赌注压在了另一方。换句话说，德意志银行一方面买克伊普辛银行输，另一方面又进行了发行和售卖。克伊普辛银行投入的资金越来越多，不顾一切地想要支撑信用违约掉期的点差，而此时德意志银行在赌注中赚得也就越来越多。事实上，德意志银行从交易的两方赚钱：第一，向克伊普辛银行贷款；第二，花钱赌克伊普辛银行的计划（用这笔贷款执行的计划）会赔。

德意志银行还就建设两个英属维尔京群岛所注册的特殊投资实体（SIV）提供了意见，并将其命名为帕特里奇（Partridge）和切斯特菲尔德（Chesterfield）。德意志银行想出了一个绝妙的主意，这两家离岸公司发行信用违约掉期以防止有人抬高克伊普辛银行中信用违约掉期的价格，从而阻止扩大信用违约掉期的点差。

两个离岸实体的表现同样卓越。据冰岛检察官的描述，该计划如下：2008 年年底，克伊普辛银行向持切斯特菲尔德所有权的公司发放了 1.3 亿欧元的贷款，其中 500 万欧元以佣金的方式支付给了德意志银行。剩余的 1.25 亿欧元则用于偿还早期德意志银行借给克伊普辛银行卢森堡分行的贷款。一个月后，它又发放了另外一笔 1.25 亿欧元的贷款。大约在同一时间，另一个特殊投资实体帕特里奇公司获得第一轮贷款，最开始是 1.3 亿欧元，其中 1.25 亿欧元用于交易，剩下的 500 万欧元由德意志银行和帕特里奇公司分摊。此外，帕特里奇公司又收到了一笔 1.25 亿欧元的贷款。总体来说，克伊普辛银行通过这些交易向德意志银行支付了 5.1 亿欧元。

令人惊讶的是，该战略的进行似乎已经有一段时日了。然而，鉴于这家离岸公司从克伊普辛银行那里获得了保险贷款，我们可以看出，该计划无非是企图公然操纵市场的手段，并且不会也不可能解决克伊普辛银行资产负债表状况恶化这一潜在问题。事实上，该计划只是加快了克伊普辛银行的终结。西于聚尔·达文斯多特写道："如果市场发生转向，而克伊普辛银行因此停业的话，这种损失是完全可以预测的……而且，根据冰岛特别检察官办公室的说法，从一开始就很清楚，该公司不应该接受这几笔贷款。"[9]

德意志银行从此次冰岛银行业危机中脱颖而出，并在这日渐衰颓的银行业体系中成为最大债权人。[10] 引人注目的是，即便是在克伊普辛银行快倒闭的时候，德意志银行也能从中获取一笔收益。冰岛中央银行于 2008 年 10 月 6 日发放了为期 4 天的紧急贷款，以巩固克伊普辛银行的子公司——辛格和弗里德兰德银行（于马恩岛注册），并以此来防止母行倒闭。然而，冰岛中央银行未能确保这些资金专门用于此目的。第二天，即 2008 年 10 月 7 日，出于不明原因，克伊普辛银行向德意志银行支付了 5 000 万欧元，由冰岛金融监管机构提供资金。当天，克伊普辛银行被国有化；第二天，也就是 10 月 8 日，克伊普辛银行董事会解散。克伊普辛银行从未偿还这些紧急贷款。[11]

最终获益者是谁？德意志银行从这一系列破坏行为中获得的利益是无法估量的。下注赌克伊普辛银行倒闭肯定让德意志银行大赚了一笔。我们可能永远不会知道这个计划到底产生了多少利润，但基本上应该远比德意志银行 4.5 亿欧元的最终清算要高。

尽管克伊普辛银行方面称该计划是由德意志银行提出的，但它自己并非无辜。通过调查克伊普辛银行操纵市场案的早期情况，以及德意志银行发行的信用联结票据，冰岛检察官发现了一个规律。三位克伊普辛银行的高层管理人员被定罪，随后入狱。然而，克伊普辛银行确实在最后为其操纵市场的行为付出了高昂的代价，而德意志银行则成了真正的赢家。克伊普辛银行破产后，德意志银行成为其资产的最大且唯一索赔者，据说在近 50 项不同的索赔中索要了近 9 000 亿冰岛克朗（48 亿英镑）。很多人认为该金额的一大部分与德意志银行有关，因为它作为托管行代表第三方进行了索赔。[12]

在伦敦的一场诉讼旨在收回德意志银行的这些不义之财，而在冰岛，诉讼程序还在进行中，所以判决还未下达。在此期间，前克伊普辛银行经理（而非德意志银行经理）被起诉。克伊普辛银行经理最终锒铛入狱，而德意志银行不得不设法搞定伦敦的指控。在其 2016 年的年度报告中，德意志银行表示，它就克伊普辛银行和两家离岸公司达成了协议，而和解费用则已于 2017 年第一季度支付。[13] 这次和解被解释为对不正当行为的承认。相较于伦敦的结构化投资实体索要的 5.09 亿欧元，[14] 德意志银行必须支付 4.5 亿欧元的罚款。这封主题为“一掷千金”的电子邮件的作者不得不在这一系列法律程序中离开德意志银行，而他似乎是在自己的交易中扮演着德意志银行的主要联系人。[15]

第四部分

大的、坏的和加密的：对国家的破坏

在经济学中，政府是一个外生因素，是处在经济模型之外的因素，但这并不代表政府不重要，严谨的经济学家都不会这么认为。政府会实施规章制度，征收各种税费，这些都会对盈亏总额造成影响。金融体系中的利润都是通过金融交易产生的，而规章制度和税收使在金融领域中赚钱变得更加困难。人们都认为银行家和金融家对此表示厌恶。

然而，令我们惊讶的是，我们采访过的大多数银行家和金融家对金融监管的约束表现得异常乐观。“政府提供规则，我们便遵守规则”似乎是他们的普遍看法。金融家向我们持续传达的信息是，无论政府提出什么规定，都应该是清晰的，最好是可预测的，并且不应该受到民粹主义的影响。

这似乎与市场不希望被监管的普遍看法不一样。媒体和学术界常常给人的印象是，金融家都积极反对引入规章制度和税收，但在现实生活中，银行家和金融家似乎并没有受到规章制度和税收的困扰，这与大家的普遍认知不太一样。2008 年秋季，一位首席经济学家向我们揭示了一个可能的答案，他是欧洲最大银行之一的首席经济学家：“我对新规则的出现并不担心，因为我有一个非常好的团队。对于政府可能提出的任何新规则，大约两个小时以内他们就能想出漂亮的应对方案。”

深究这位首席经济学家的评述，我们越发觉得事情并不简单。对他自己的银行来说，他确实具有足够强大的经济实力来获取应对新规则的方法，但其他较小的银行或客户可能就没有这种经济实力了。这只能意味着：第一，它们可能通过规避来建立竞争优势；第二，它们可能通过出售规避服务来获取利润——巨额利润。我们经常被教导说，法规和税收可以限制我们获利，也可以促进我们获利。管制规避总是一笔好生意，实施的法规越多，商机就越多。法规越复杂，购买应对方法的费用就越高。出于各种各样的原因，破坏规章制度就成了一笔大生意。事实上，对世界上最大的部分银行来说，这可能已经成了唯一最大的收益来源。

那么，接下来我们来谈谈对政府的破坏，也就是上文提到的“非常赚钱”的买卖。

10

大的：
“大而不能倒”且逍遥法外的银行业

摩根大通首席执行官杰米·戴蒙曾警告说，如果让不成熟的摩根大通银行与新兴的中国大型银行竞争，美国的金融实力将会遭到削弱。那是 2015 年年初，当时他被迫辩护说摩根大通不会瓦解。[1]

意大利裕信银行首席执行官马斯蒂尔先生似乎对银行规模有着相同的担忧："欧洲只有两家泛欧银行，即法国巴黎银行（位于法国、意大利和比荷卢经济联盟）、裕信银行（位于意大利、德国和奥地利）……所以我们有一个问题……我们需要更多泛欧银行，以及更大的银行来支撑经济。"[2]

"毫无疑问，国家需要更大更强的银行。因此，巩固金融机构……将有利于国家和金融业的长久稳定发展。"斯里兰卡哈顿国家银行（HNB）主席丹尼斯·维拉科迪说。[3]

这些是普通公民发出的声音吗？他们是否渴望保护各自国家和金融机构免受恶性国际竞争？一些经济学家认为不是这样的。这些首席执行官运用强大的语言技巧，目的是保全自己那一大笔生意：那些“大而不能倒”的机会。

“大而不能倒”是一种经典的破坏手段。整个国家的福利取决于其金融机构，如果一家银行的规模变得足够大，以致政府或市场都认为本国承受不起让其倒闭，那么这些银行就能够以较低的利率在市场上贷款。或者它们可能会选择在业务中承担额外的风险而不受惩罚（并且可能从那些有风险的投资中获得额外的利润）。银行变得“大而不能倒”成为一种赢利方式、一个巨大的利润来源。实际上，那些“大而不能倒”的银行享受着纳税人的隐性补贴。它们将政府视为合作伙伴，并以便宜的价格购入保险计划，不管政府是否赞成这笔交易。

对学术界和监管界来说，在20世纪80年代中期，这一理论前提显得格外现实，当时美国当局决定拯救其第七大银行——伊利诺伊大陆银行（Continental Illinois）。随后一项研究表明，在美国总审计长承认美国存在11家银行需要此类紧急援助之后，这11家银行的股票价值平均上涨了1.3%。[4]其他人则表明，与其他银行相比，这11家银行能够以更优惠的价格发行债券。[5]

“大而不能倒”银行的货币效应令人震惊。荷兰央行的一项研究估计，2011年，这些隐性补贴相当于德国、法国、英国和荷兰GDP的1%。这相当于大约平均每年1 000亿美元的补贴。英国央行的首席经济学家安迪·霍尔丹认为，英国银行每年获得了约1 000亿英镑的补贴。[6]其他人估计，这些隐性补贴占“大而不能倒”银行整体盈利的15%左右，而其中一些人估计，补贴的上限高达这些银行利润的50%。[7]

2008 年，不再资助雷曼兄弟（一个相对较小的机构，甚至不在世界五十大银行名单中）的决议威胁到了整个北大西洋资本主义体系的生存。显然，即使是小规模的银行也需要小心翼翼地"削减"，而不能直接让其倒闭。[8] 毫不奇怪，银行如何在与国家的密切关系中获益，这个问题在这场危机之中重新引起了关注。一些研究试图估算这些银行享受的补贴的金额。据了解，补贴是在市场中产生的，因此它完全依赖于市场的两个认知：第一，银行或金融机构变得"大而不能倒"的原因；第二，政府救助这类银行的能力。有了这两个认知后，银行就能够在金融市场上借款或以低于竞争对手的价格发行债券。收益来源具有双重性。一方面，利益延伸，以致"大而不能倒"银行的债务持有人、股东也可以受益。另一方面，由于过大并且难以驾驭，这些无效率且无效果的银行治理结构产生了第三成本，且这些成本因此被社会化。

由于结构允许，银行可以从国家获得部分其他类型的金融支持。美国国会研究所（CRS）于 2017 年年底在美国参议员伯尼·桑德斯的压力下公布了一份报告，详细说明了经济危机期间美国的大型银行在多大程度上确实受益于美联储提供的免费资金。总的来说，美联储以非常慷慨的条件向金融机构提供了超过 3 万亿美元的贷款，以换取纳税人负担的贷款，而垃圾评级债券则被作为抵押品。作为美联储计划的一部分，在 33 个不同的场合，9 家公司以 4 周为间隔借入了 52 亿 ~62 亿美元的美国政府证券，并支付了 0.007 8 个百分点的一次性费用。与此同时，这些银行还向美联储抵押了超过 1.3 万亿垃圾评级债券以获得廉价的隔夜贷款，这些贷款的利率也只有 0.5 个百分点。

一段时期内，美国第二大银行摩根大通将由纳税人负担的联邦债务增持了 200 亿美元，收益率为 2.1%，同时以 0.3% 的利率从美联储借入了 290 亿美元。

在 2009 年的另外三个月期间，美国银行以 0.25%~0.5% 的利率借入了超过 480 亿美元的资金。与此同时，这家美国最大的银行将增持两倍其国债以及其他由纳税人负担的债务约 150 亿美元（证券收益率为 3.5%）。在 2009 年第三季度，美国银行通过一项仅收取 0.25% 利息的项目从美联储借入了 29 亿美元。在同一时期，该银行将由纳税人负担的联邦债务增持了 120 亿美元。这些证券的平均收益率为 3.2%。[9] 换句话说，美国银行享受了国家的大量补贴。这样值吗？

“我们美国银行在整个金融危机期间为经济发展提供了至关重要的支持，今天我们仍然通过贷款和筹资活动为企业和个人提供支持。”在数据有所泄露的时候，发言人杰里·杜博乐维斯向《赫芬顿邮报》记者解释说。美联储数据显示，2009 年美国家庭的信贷余额减少了 2 345 亿美元，就非公司业务来说，信贷暴跌 2 961 亿美元。[10]

那么，读者也有权发问：

1. 银行会不会因“大而不能倒”而无法利用这些补贴？
2. 如果是这样，它们的行为是否构成破坏政府呢？

第一个问题并不容易回答。正如我们在前几章讨论的那样，苏格兰皇家银行、德意志银行和桑坦德银行等银行的管理层都倾向于扩大其投资组合的规模。规模很大的美国银行在 20 世纪 70 年代和 80 年代迅速扩张，1945 年后美国银行的数量在 1984 年达到顶峰。在过去几十年中，美国银行的数量明显下降，与此同时，大规模银行的资产规模却持续上升。2001 年，五大商业银行持有美国银行体系总资产的 30%，其中，美国银行拥有 5 520 亿美元的资产。2011 年，五大银行资产占银行体系总资产的 48%。四家银行的总资产超过了 1 万亿美元，最大的商业银行摩根大通拥有资产 1.8 万亿美元，相当于所有美国商业银行总资产的 14%。[11]

即使趋势明显，扩张和并购的原因也不完全明了。银行本身倾向于通过优化运营成本和服务来使其行动显得更具合理性。"大型银行投资数十亿美元来提供消费者所需的产品和服务，只有达到一定规模的公司才能进行投资。规模允许它们像大型商店一样提供更多创新、更多便利以及始终如一的可靠服务。"威廉·哈里森在 2012 年说道。他是 2000 年合并创建摩根大通的架构师以及该银行的前任董事长兼首席执行官。[12]

经济学家倾向于从数据结果中推断出动机，但这本身并不能提供任何证据。例如，有些人会说，合并后成本降低这一现象证明了合并本身是由降低成本这一逻辑推动的。一项研究考察了 20 世纪 90 年代美国银行业并购浪潮背后的动机，得出的结论不支持补贴理论。[13] 一项不同的研究得出了相反的结论：在 1991 年至 2004 年的八次合并中，美国银行已经支付了至少 140 亿美元的额外合并保费。我们怀疑这来自"大而不能倒"银行的补贴。[14]

此外，"大而不能倒"在金融危机期间暴露的灾难性影响似乎只会刺激银行加大规模。摩根大通利用这场混乱给贝尔斯登银行和华盛顿互惠银行造成了致命一击。美国银行收购了第三大投资银行美林银行和最大的抵押贷款发起机构美国国家金融服务公司（Countrywide Financial）。富国银行收购了当时第四大银行控股公司美联银行（Wachovia）。在欧洲，桑坦德收购了英国联合莱斯特银行（Alliance and Leicester），英国全国银行（Nationwide）则选择了一些规模较小的建筑资金融资合作社，巴克莱银行和野村证券则放弃了雷曼兄弟银行的残羹冷炙，法国巴黎银行与荷兰政府瓜分了富通集团，荷兰国际集团（ING）得到了冰岛克伊普辛银行的一部分，其他银行则被政府收购。

也许金融危机后银行的发展最能说明国家与大型金融机构之间的权力平衡。一方面，大多数经合组织国家的政府在2007—2009年的金融危机后已经明确表示，它们不支持“大而不能倒”银行业务，也不想与其建立隐性合作关系。国际货币基金组织（IMF）、金融稳定委员会（FSB）和所有大型经济体都制定了旨在阻止银行变得“大而不能倒”的法规。

然而，在金融危机发生10年之后，监管机构似乎已经改变了主意。部分监管机构现在鼓励银行扩大和巩固其规模。“欧洲银行业联盟为跨境并购铺平了道路，”欧洲央行监事会主席丹尼尔·努伊在2017年9月宣布说，“所缺的只是启程探索并征服这片新领域的勇敢银行。”[15]援引这些论断是为了支持最终形成“大而不能倒”。还有一种论断表示，规模更大的欧洲银行将更有能力与美国以及亚洲对手竞争。[16]我们完全赞同这一论点。规模更大的欧洲银行确实可以更好地参与国际竞争，因为它们将有一个新的合作伙伴来资助它们——欧盟。

这可能只回答了我们的第二个问题。一般而言，学术文献特别是金融学文献都对并购的可量化收益持怀疑态度。[17] 事实上，有确凿的证据表明，工业和银行业的大多数并购都没有达到削减成本和提高效益的既定效果。那为什么还要并购呢？"大而不能倒"似乎带来了额外的小额奖励，如点缀在蛋糕上的樱桃。它被称为"安达信效应"（Arthur Andersen effect）。简单来说，这不仅是一个"大而不能倒"的现象，而且还大到"逍遥法外"。

"起诉银行可能会导致全球性的金融灾难。"这是2016年美国司法部领导层的决定（与其内部建议不一致），而在当时却有切实的机会对汇丰高管的9亿美元毒品洗钱案以及其与受国际金融制裁的国家进行交易之事进行起诉。汇丰银行及其美国子公司汇丰银行美国分行同意根据庭外和解支付近20亿美元，这是一项暂缓起诉的安排。根据这样的约定，如果公司承诺修正其行为的话，政府就会同意暂缓甚至放弃起诉该公司。[18] 这个约定的关键在于，在其条件下，银行不会否认或承认自己是否触犯法律，它只会偿还代价而已。

"全球性的金融灾难"指的是起诉一家有一定系统和规模的公司安达信所带来的影响。这个术语可以追溯到2002年，当时五大会计巨头之一的安达信会计师事务所，在安然公司欺诈案中被判妨碍司法公正罪。虽然三年后最高法院推翻了该判决，但还是对几家规模较小的会计师事务所和咨询公司造成了连锁反应，导致爆出更多的会计行业丑闻。世通公司骗局及其最终破产，更加推动了这条多米诺骨牌线。

因此，规模始终都会有所帮助，无论是有形的还是无形的。大型机构的存在有助于产生银行业的范围经济和规模经济。如果一个集团的规模增长到"大而不能倒"甚至会产生15%~50%的利润，那么很少有银行可以抵制住这种诱惑。将政府作为保险政策的背书，甚至违反政府的意愿（或破坏自己的政府）已经成为且将一直成为银行业的核心战略。

本章的最后一个问题出自安迪·霍尔丹之口。他注意到“大而不能倒”的银行业仍处于活跃状态，他还指出，最近另一个金融行业在逐步变强：快速扩张的资产管理业。在这个领域，某些团体，如贝莱德集团、富达、安联或安盛，已经发展成一个巨大的组织，且已经不容倒闭。霍尔丹认为，它们是新的“大而不能倒”的机构。[19]

11

坏的：

金融衍生品、偷税和避税

在大多数情况下，政府已不再愿意为大型银行机构提供保险担保。发达资本主义的中央银行不仅成为传统的最后贷方，而且必须作为私人金融机构的最后经销商，以及私营金融机构的新股东和做市商。当这些机构破产时，代价往往是社会性的。相应地，社会试图规范金融体系，以避免付出沉重的代价。社会还会对银行及其客户征税，以资助昂贵的公共债务，包括对“大而不能倒”银行的隐性保险。

但这些法规和税收也可能遭到破坏。当其被破坏时，一批盈利项目可能会应运而生。我们并不是指众所周知且日益遭受争议的避税做法（如果你想，也可以说是“税收筹划”），其旨在减少银行机构的税后负债。相反，我们指的是发展并创新一系列避税技术，作为生意和利润的来源。具体而言，我们专注于使用一系列工具，来向客户提供复杂的财务结构，从而牟取暴利。

沃伦·巴菲特有一个著名的说法，即称金融衍生品为“大规模杀伤性武器”。早在2002年，很少有人了解巴菲特的情况，而今天我们知道他对钱的说法是正确的：金融衍生品和其他外来金融产品可以用来隐藏和放大风险，而且可以在广泛的系统范围内这样做。然而，较不容易被注意到的是，金融衍生品也成了破坏政府的武器。金融衍生品已成为避税、法律骗局和金融保密避风港计划的核心。

金融衍生品是一张基于相关资产价值的合约，相关资产可以是任何东西——股票、债券、利率波动，甚至是自然灾害。从历史上看，这些合约出于实际且合理的原因。例如，一家欧洲汽车公司在美国销售汽车，该公司需要以美元为其汽车定价，但其生产成本是以欧元计价的。如果美元的价值相对于欧元上涨，那么公司将获益。但如果相反的情况发生，汽车公司在美国销售的汽车可能会面临严重亏损。该公司可以与银行或其他金融机构达成协议，比如在两年内以预定的汇率购买美元，或者说更常见的是，达成购买美元期权的协议。如果美元在此期间下跌，汽车公司仍将赢利，因为它对冲了美元的下跌。该汽车公司通过购买期权来对冲货币风险，该期权使其持有人有权在未来以特定价格购买特定资产。

这些合约显然是当今企业规划的重要工具。据估计，全球贸易中约有80%是公司内部贸易。这些公司有必要对冲掉货币、利率和商品价格波动。可能由于需要应对全球业务的各种需求，一个大型二级金融衍生品市场诞生了，即金融衍生品合约与第三方交易。未偿付的金融衍生品的价值超过了500万亿美元。据估计，金融衍生品市场的整体规模超过1 200万亿美元，利率金融衍生品占所有合约的90%以上。

购买金融衍生品是因为它可以提供弹性（各方可以在未来买卖且没有义务进行买卖），或保护企业免受市场情况变动的影响（价格在合同中预先进行规定）。另外，特定类型的金融衍生品可以提供一些其他东西。对资产拥有期权，持有人可以将实际资产的所有权从期权的所有权中分离出来，这是大多数税收制度尚未着手解决的问题，实际上很简单。

比如，你很幸运地在 1996 年的美国股票市场上买了 100 万股苹果公司的股票。在那之后，股票看涨。因此，你不仅在购买这些股票时缴纳了税款，而且在出售这些股票时还必须缴纳资本利得税。但想象一下，你在 1996 年更精明一点。你对苹果公司的某块业务不感兴趣。例如，你无意参加苹果公司的年度股东大会，你真正寻求的是苹果公司股价的升值。因此，你购买了基于苹果公司股票的衍生合约，而没有购入股份。该合约是双方对未来苹果公司股票价值的押注——这是在任何情况下大多数投资者所追求的，不需要购买或出售任何股票。衍生合约仅仅指基础资产，也就是在苹果公司的股份，但与该等股份没有直接联系。在这种情况下，购买股票不是义务。

让我们进一步阐发这种情况。想象一下，这份特定的合约不是在美国或欧盟执行的，而是在开曼群岛执行的。这是一小块位于加勒比的英国海外领土。开曼群岛不征收公司税，没有资本利得税，也没有任何与本合约有关的其他税。[1] 这样，你不仅避免了购买股票所带来的小额关税（因为，请记住，你并没有购买股票），你还避免了因为并非在美国获利而累积下来的资本利得税和公司税。利润是在开曼群岛获得的，而这个地方又恰好不征收资本利得税。

通过金融衍生品合约，人们可以在潜在价值上下注，结合上述案例也就是对苹果股票下注，然而是在他们所选择的地点。幸运的是，对于我们虚构的金融衍生品承包商而言，开曼群岛在帮助潜在客户方面非常慷慨。该国已设立了商品及金融衍生品区域，旨在帮助从事与商品、金融衍生品、期货和期权直接或间接相关的金融服务活动的公司。基金及投资经理可以使用该区域来打理交易账户。该区域甚至设有用于买卖股票、股票期权、债券或商品合约的电子实体卖场。也许这并不奇怪，这个拥有约 55 000 名居民（其中一半是外籍人士）的小岛已成为世界第四或第五大金融中心，与法兰克福并驾齐驱。[2]

每个人似乎都能从这些企业中获益，合约双方显然很高兴避开了企业税和资本利得税。安排这场交易的银行家则对自己的这笔生意以及佣金感到满意。开曼群岛政府也很高兴自己的领土能够吸引到这种增值业务。这场交易中唯一的输家是合同双方所在的国家和政府。这些国家需要这些税收来保持安定，维持基础设施和经济稳定。因为只有这样，那里的个人或公司才会有实力来购买这样的合约，但这些被破坏掉了。

事实上，在银行和金融、税收、规则和“官样文章”中，政府以维护国家或维持金融稳定的名义对企业或个人施加的任何东西，都可以成为额外的收入来源。在金融系统的渠道深处，一系列有针对性和非常专业的法律操纵构成了一个国家被破坏的过程。然而，当出现问题时，比如 2007—2009 年那些“大规模杀伤性武器”内爆的时候，这些银行和金融机构并没有向开曼群岛、百慕大或泽西岛政府寻求帮助。这些银行转而求助于那些税收和规则都被它们亲手破坏过的政府。2009 年，开曼群岛就不得不向英国寻求 3 900 万美元的救助，以填补自己预算的漏洞，因为再过几天，这个国家可能就养不起自己的公务员了。[3]

金融衍生品的另一个故事

人们不必冒险离岸来避税，因为存在足够多的漏洞、歧义条款和手段来破坏国家，这样就能够在境内赚取额外的利润。有一种这样的手段被称作一篮子期权，这是一种基于不同类型资产选择的金融衍生品合约。以下内容主要基于美国国会对两家主要银行——巴克莱银行和德意志银行——进行的严格调查。在 20 世纪 90 年代后期到 2013 年，这两家银行都精心设计并实施了避税计划，并将其作为利润来源。

如上所述，期权是一种合约，赋予持有人在特定日期或在特定日期之前以特定价格买入或卖出标的资产的权利。正如在上述示例中，那家欧洲汽车公司就购买了期权，该期权在当时还对冲了欧元汇率的波动。然而，一篮子期权更复杂：它不涉及一种资产（例如美元），而是涉及一组或一篮子资产，可包括商品、证券或货币。德意志银行和巴克莱银行有机会利用这些篮子来破坏财务报表、税收规则和法规，利用丰厚的利润（和奖金）来创造溢价业务。

它们是怎么做到的呢？

金融学文献和媒体曾详细讨论过原因，美国政府与许多其他国家一样更倾向于长期投资而非短期投机。美国因此制定了一些规则，规定持有不到一年的投资利润按 39.6% 的税率征税。另外，持有超过一年的交易被视为长期资本投资，最高税率为 20%。然而，许多成功的对冲基金从高频交易中赚钱，这是一种核心业务模式，它们（或其客户）因此将被征收较高税率的税，通常是最高税级，也就是特朗普政府推出减税政策前的 39.6%。在美国，德意志银行和巴克莱银行创造了一种表象，即这些高频交易是长期资本收益，所以它们被征收较低税率的资本收益税，从而拯救了那些对冲基金及其客户。

德意志银行开发并推广了一种名为“管理账户产品架构”（MAPS）的计划。巴克莱银行也采用了类似计划，其首字母缩略词为 COLT。根据这些计划，两家银行将采用对冲基金来监管投资组合或一篮子股票期权。相应地，该对冲基金则购买了与该投资组合相关联的两年期权。实际上，该投资组合完全由对冲基金控制，且经常被用来进行交易。但这些交易并未被当作短期交易来纳税，因为该银行没有从中获利。该银行向对冲基金出售了一篮子期权，因此，正是对冲基金赚取了利润，而且是一笔不错的利润。但这些基金也并没有因为其盈利而支付 39.6% 的税。严格来说，它们只对整个篮子持有期权，并且它们持有这些期权至少有两年。结果是，由短期交易产生的利润被视为长期资本收益，缴纳税率为 20%（此前为 15%）的税，而非税率为 39% 的普通所得税。普通所得税应用于参与日常交易的对冲基金投资者。

这是一场骗局。美国国会一委员会（莱文委员会）发现，构成这一组证券的整体往往是数以秒计地变化着。美国证券交易委员会审核的一篮子期权账户被发现每年执行有 1.29 亿份订单。[4] 这些显然是短期交易。德意志银行和巴克莱银行推出的计划没有其他目的，只为破坏关于短期交易的规定。

其业务规模令人惊叹。从 1998 年到 2013 年，德意志银行和巴克莱银行向对冲基金出售了 199 张一篮子期权，交易金额超过了 1 000 亿美元。对冲基金复兴科技公司，从德意志银行购买了总计 29 张期限超过一年的一篮子期权，创造了约 340 亿美元的交易利润。美国证券交易委员会的一项检查估计，在 2003 年 4 月至 2007 年 10 月，包括复兴科技公司在内使用“管理账户产品架构”期权的五家对冲基金公司，在行使期权一年后共节省了 7.79 亿美元的税款。[5] 美国证券交易委员会的另一份检查报告指出，巴克莱银行 COLT 期权（复兴科技公司也使用了该期权）导致 2002 年到 2007 年 1.4 亿美元税款延期。[6]

这些银行在这些业务方面做得很好，收取融资、交易和其他服务的对冲基金费用。它们还向对冲基金公司放出贷款，为其银行业主账户中的交易提供资金，并从中获得收益。仅复兴科技公司就为德意志银行和巴克莱银行带来了超过 10 亿美元的融资和交易费用。美国参议院的报告得出的结论是，该计划是一项“除了绕过联邦税和杠杆限制之外没有任何经济意义”的安排。实际上，期权只不过是一个虚构的金融衍生品，允许对冲基金将短期利润作为长期资本收益，并且避开了对客户在美国经纪账户的法律限制。[7]

逃税和避税是一项大生意，金融则可以为此提供帮助。最近有很多有关避税区、专业法律和会计顾问以及其他保密空间在避税方面作用的讨论。这是一场重要辩论。然而，有一件事很容易就被遗忘了：进出低税区的金融交易不会像藏在海盗口袋中的金币一样，更不会埋藏在遥远的藏身所。当然不会，所有金融交易都是围绕着银行在全球建立并维护的基础设施进行的。姗姗来迟的监管机构已经开始打压银行体制了。2010 年，美国引入了《外国账户税收遵从法》，迫使银行确保与美国实体进行交易的所有人披露其财务去向的相关信息。迄今为止，《外国账户税收遵从法》被广泛视为针对金融保密及非法金融的最有力的措施。

但是，在金融领域，当一条大道看上去走不通的时候，另一条就会出现。虽然银行在 2007—2009 年之后不得不投入更多资源来实现合规性和透明度，但避税和洗钱的需求从未消退。那么，我们再来看看从计算机算法中挖掘出来的那令人眼花缭乱的“加密货币新世界”，或者说金融科技行业。

12

加密的：资金的挖掘

1990 年，MMM 投资公司在俄罗斯电视台播出了第一支商业广告，列奥尼德·戈卢布科夫在广告中说："我现在要给太太买双靴子！"电视中的他虽然看起来邋里邋遢，但是神采奕奕。在第二支广告中，他为妻子买了一件皮大衣。在第三支广告里，列奥尼德展示了一条向上倾斜的曲线，描绘出了他精明的投资轨迹，从鞋到家具，再到公寓。

1991—1994 年，MMM 投资公司在俄罗斯发展壮大。1994 年，俄罗斯政府宣布，MMM 投资公司的证券非法。该公司倒闭了，同时将近 1 500 万俄罗斯人的储蓄也落空了。该事件的策划者谢尔盖·马夫罗季因逃税被捕入狱。[1] 俄罗斯人因此学到了一个新名词：庞氏骗局。

MMM 投资公司与我们的破坏故事有关，原因有三个。第一，在任何规则宽松的环境中，必然有人会通过允诺金钱和新技术来诱骗轻信的人上当，比如 20 世纪 90 年代俄罗斯从计划经济转向资本主义的过程中。

第二，这样的环境现在仍然存在，在俄罗斯乃至世界各地都存在。在这样的监管环境下，各种各样的新金融工具和创新，即所谓的金融技术（简称金融科技）都在运转。

第三，该公司为破坏故事提供了概念性证明。2011 年，还是那个谢尔盖·马夫罗季，他推出了一个崭新的金融科技版 MMM-Global。这是一个基于互联网的金融网络，该金融网络预期每月可有 30%~75% 的收益，且无须承担任何风险。该网络创建了自己的虚拟货币——“马夫罗币”。据称，到 2012 年，该网络在全球 100 多个国家已拥有 3 500 万会员，其中大多数是新兴经济体。2018 年夏天，谢尔盖·马夫罗季在莫斯科意外去世。该网站宣布，由于创始人过早离世，MMM 投资公司无法继续发放股利了。MMM-Global 的“投资者”（如果这样称呼正确的话）于是真的只持有购买的虚拟马夫罗币了。他们似乎将永远持有那些虚拟马夫罗币。[2]

金融科技业

金融科技是一个以技术为基础的领域，此外，该领域还包括加密货币、区块链、数据采掘、P2P（点对点）借贷、众筹、汇款服务和智能合约等。这里的许多创新延伸到了金融服务之外，它们在网络空间的各种平台上催生了一系列新的筹款和投资机会。金融科技的发展既快速又多样化，很明显，到目前为止，它可以朝着任何想象得到，甚至尚未想象到的方向发展。

从广义上讲，我们视金融科技为一种积极的发展。英国央行行长马克·卡尼认识到了金融科技的巨大潜力："金融科技可令金融体系更包容、更高效、更有效和更有弹性。"[3] 2018年3月，欧盟委员会通过了一项关于金融科技的行动方案，以促使欧洲金融业更具竞争力和创新力。[4] 美联储尽管有所疑虑，也乐意采纳金融科技。

那么，金融科技真的是金融领域最伟大的创新之一吗？它会让该体系民主化，并最终打破资本和银行对社会的强力控制吗？《金融时报》记者伊莎贝拉·卡明斯卡对此表示怀疑，并认为答案是否定的。她认为金融科技只不过是欧洲美元市场的2.0版本，[5] 它囊括了许多元素，从加密交易到隐藏身份和电子钱包，每个元素看起来都似乎是为犯罪和逃税量身打造的。

我们认为卡明斯卡的思考是正确的。早在20世纪50年代末，由于伦敦毫无管制的金融交易，世界各地的银行对现有规则造成了破坏，包括资本流动、储备、货币汇率和其他许多国家法规。随着时间的推移，英国的资本市场转变成今天在伦敦金融城蓬勃发展的金融中心，与英国前殖民地转变成的金融避风港网络紧密相连。虽然一些以伦敦为中心的市场在资金流动和扩大规模方面（例如在外汇交易中）实现了高效，但以城市为基础的金融机构、法律和会计公司所构成的网络对于制订可行的计划来说至关重要，因为这些计划在监管套利、避税和洗钱方面能够发挥关键作用。

加密货币有潜力成为"超级避税天堂"，[6] 事实表明，它们已经是这样了。迄今为止，尚无有效的执行机制来跟踪比特币或其他加密货币的在线轨迹。根据一项估计，即使目前位于离岸账户中1%的资金转入比特币，该虚拟货币的价值也会成倍增长。鉴于目前流通的比特币数额限制在2 100万，如果这些数十亿的离岸美元转移到加密货币上，单个比特币的价值可能会上升到近300万美元。[7]

电子钱包不存在实体位置，根本不需要纳税，也不需要像莫萨克·冯赛卡这样昂贵的金融中介机构来协助管理。P2P贷款直接导致客户的滥用，而区块链则是一项通用技术。脸书通过一个庞大的有限网络结合了多项创新，目前正试图推出自己的货币—— Libra币。如果说金融创新往往导致破坏，那么金融科技则是其“圣杯”。

真正的难题、真正的解决方案和真正的破坏

金融科技的许多方面旨在应对实际问题。让我们来看看P2P借贷的情况。传统意义上，银行会介入储户和借款人，并收取一定费用。正如我们所了解的那样，我们的银行可能相当贪婪：它们会收取直接成本费，还有间接费，除此之外，还经常欺骗客户。取消中间人不是很好吗？每个人直接从生产者处购买商品，这样就不用给中间商支付高昂费用了。所以，我们尝试从批发商处购买商品。我们从卡冯–维尔豪斯（英国的手机零售商）购买手机，从家得宝购买文具，从家具村购买家具。在金融行业中，为什么我们不能取消中间人呢？

银行无意中推动了这个过程。在经济危机期间，我们了解到客户遭受了多么全局性的破坏。经济危机过后，许多银行给储户提供了0.25%甚至0.1%的储蓄利息（通货膨胀率达到1%或更高），它们向借款人收取更高费用。更糟糕的是，出于法规带来的意外后果等原因，大型银行或多或少地放弃了整个经济体中的一部分。例如，小型

企业现在很少能够透支，即便可以，也需要支付高昂服务费。在过去10 年中，职场上产生了很大的变化。传统的安全有保障的工作机会正在减少，但银行仍拒绝与时俱进。在决策和产品迅速迭代的网络世界中，银行因其代价不菲的租赁费、大量的文书工作和无休止的支票而发展缓慢，这无疑是过时的。

美国于 2006 年推出了 P2P 贷款，为借款人和贷款人提供了替代方案，他们不再需要传统银行的方案。P2P 贷款迅速建立了“渐进式消费金融创新”的声誉，并在 2007 年 9 月的危机中进一步推行。消费者、初出茅庐的企业家和社会活动家不再信任银行（或认为银行风险太大而不再存款），他们转而采用新技术，采用直接将储户与借款人联系起来的方式筹集资金。P2P 借贷和众筹成为技术与资本需求融合的直接结果。该行业继续发展，并帮助了许多好的事业。据报道，到 2018 年年初，美国众筹业的成交额已达到 10 亿美元以上，[8] 虽然不能与传统银行规模相提并论，但却是增长最快的行业。

金融创新通常就是这种情况，在不受监管的环境中，一个好点子便可转变为监管规避或纯粹欺诈。许多 P2P 贷款公司都遇到了各种问题。在对 2007—2012 年购买 P2P 贷款的 9 万人的信贷报告数据进行全面分析后，美联储的研究人员说，事情可能会变得更糟。与 1 000 万传统借款人相比，P2P 贷款无法达到预期的效果。事实上，根据提款人以及对借款人财务产生的影响，该研究发现，它们非常类似于掠夺性贷款或次级贷款。[9]

让我们来看看贷款俱乐部（Lending Club）。维基百科称其为世界上最大的 P2P 借贷平台。贷款俱乐部能让借款人发起 1 000~40 000 美元的无担保个人贷款。投资者可以在贷款俱乐部网站上搜索和浏览贷款清单，并根据提供的有关贷款金额、贷款等级和贷款目的等信息选择他们想要投资的贷款。投资者从利息中赚钱。贷款俱乐部通过向借款人收取贷款发放费、向投资者收取服务费来赚钱。[10]

显然，像贷款俱乐部这样的机构只能仗着自己的声誉存活。所以人们会认为，它会尽可能确保自己的声誉不受损，然而事与愿违。2016 年，贷款俱乐部因为一连串广为人知的丑闻而登上了头条新闻。事实证明，贷款俱乐部向一位投资者违规出售了约 2 200 万美元的次级抵押贷款，并违背了该投资者的条件。该公司发起的一项内部调查表明，一些员工知道贷款不符合投资者的标准，所以俱乐部修改了这些贷款中 300 万美元贷款的日期，从而使其符合要求。那些员工为了业绩和提成似乎牺牲了客户。[11] 2016 年 4 月，贷款俱乐部以平价回购这些贷款，随后将其转售给另一位投资者。同月，公司首席执行官雷诺·拉普兰赫辞职，部分员工被解雇。

拉普兰赫是一个有趣的人，非常像先前的米尔肯、拉涅利和马斯特斯，他在行业中就像教父一样。P2P 贷款之所以能发展起来，部分是因为其远见和创新。但关于这位先驱者的更多披露并非正面。2016 年的另一项调查表明，2009 年 12 月，即贷款俱乐部宣布已从外部投资者筹集到大笔资金的前几个月，拉普兰赫及其三个家庭成员从贷款俱乐部提取了贷款。由于贷款规模是投资者确定在线银行价值的关键指标，拉普兰赫常常自己借款来提高该公司本月的报告量。2016 年，贷款俱乐部自己报告说，其一家子公司在评估贷款时并未遵守会计准则，承诺向受影响的投资者偿还 80 万美元。[12]

2018年，联邦贸易委员会（FTC）指控贷款俱乐部公司向消费者虚假承诺无隐性费用的贷款。该公司从贷款中扣除了数百甚至数千美元的隐性预付费用。根据美国联邦贸易委员会的说法，贷款俱乐部前后忽略了多次警告，而且其无隐性费用的欺骗性日益突出。美国联邦贸易委员会还证实，贷款俱乐部虽然知道贷款申请人中的许多人将永远不会获得贷款，却仍谎称"投资者支持你的贷款"，这种做法耽误了申请者向其他地方申请贷款的时间。此外，在许多情况下，贷款俱乐部已从消费者账户中撤回了双重付款，却继续向已取消自动付款或已偿还贷款的人收取费用。结果，消费者面临费用透支问题，并且无法支付其他款项。贷款俱乐部也没有按照法律告知消费者拥有信息共享权。贷款俱乐部被指控违犯了《联邦贸易委员会法》和《金融服务现代化法》(《格雷姆－里奇－比利雷法案》)。[13]

2016年，内部人士谈到贷款俱乐部时会说"这是一个独立事件"，其他人则会附和道，"它不应该被视为整个行业的一个污点"，技术发烧友说"我们确实拥有技术来保证高标准和交易的透明性"。然而，纵观全球，在中国，1 900亿美元的P2P借贷行业对当局来说也是一个日益严峻的问题。网贷之家（Online Lending House）称，中国数以百计的在线借贷平台遇到了越来越多的问题。这家网站一直在跟踪调查这个行业。接下来，问题似乎变得严重起来：投资者无法取款，警方介入调查平台，贷款所有人消失得无影无踪。中国影子银行业的欺诈案件，使当局加大了对债务和金融风险的打击力度。一些财富管理公司倒闭了，部分就是因为庞氏骗局。[14]

区块链

如果 P2P 陷入丑闻，那么区块链及其最著名的虚拟产物比特币将如何呢？像比特币这样的加密货币表明了海曼·明斯基理论的真理性。20 世纪最伟大的金融经济学家之一明斯基说过：“任何人都可以赚到钱，问题在于如何让人们接受。”比特币是突破算法问题之后在网络空间上呈现的虚拟货币。比特币挖矿（bitcoin mining）是一项昂贵的业务：不仅需要人力资本，还需要强大的计算机能力，这会消耗大量的精力。2013 年，美国法院正式认定比特币为可兑换的去中心化虚拟货币。2015 年，商品期货交易委员会（CFTC）将比特币归类为商品。今天，比特币可用于支付物品和服务，投资者将其视为一项投资，在世界上有些地方可以将比特币兑换成现金，甚至存在关于比特币价值的金融衍生品。

因此，比特币好像成了明斯基理论的典型例子。有了比特币和区块链，我们就确实拥有了似乎广为接受的货币，以及对其进行交易的平台。此外，看起来，已经不存在官员为了填满自己的腰包而建立小型官僚帝国的现象了。这不就是自由市场资本主义的全部意义吗？

卡明斯卡认为，比特币和其他山寨加密货币的问题在于安全 / 门槛悖论（security/access paradox）：“如果该行业门槛低（竞争激烈），则不安全；如果安全，则门槛高，难以进入。换句话说，参与者越多，犯罪企业就越容易利用该行业达到自己的目的。”[15]

这正是加密货币领域正在发生的事情，情况也可能更糟。由于其效率高、保密性强和交易速度快，加密货币在诸如儿童色情、毒品和武器交易等严重犯罪行为中十分受追捧。另外，网上贩药、代写文章等轻度犯罪也使用加密货币来保密。[16] 基于区块链的创新已经成为犯罪界最受欢迎的支付方式。澳大利亚的一项研究估计，约有 47% 涉及比特币的交易是在暗网上进行的。莱特币（Litecoin）是第二大流行的加密货币，很受俄罗斯人的青睐，现在暗网上 1/3 的供应商接受了此货币。[17] 当然，该行业不喜欢声张这些说法。

情况变得更糟了。在任何人都可以创造资金的世界里，犯罪集团便有意推出自己的货币转移服务，并将其作为合法的金融科技替代品。越来越多的工作和服务躲过了官方的经济监控，进入零工经济的隐秘地带，用技能交换金钱，于是更多的比特币和其他加密货币走捷径，以绕过传统的收益报告体系，即便员工和独立承包商被要求执行这种传统的体系。[18]

美国当局已采取措施，试图规范加密货币的世界。美国国税局回应使用比特币的税收问题，认为比特币不仅仅是货币，还是一种资本资产，在兑换美元时，应当遵守股票和易货交易的法律规则。简而言之，美国国税局认为比特币是一种投机性投资。但对于喜欢在黑市进行交易的比特币用户来说，美国国税局的立场是无关紧要的。一位用加密货币支付其药剂服务的私人教练说："作为类固醇的经销商和用户……我认为比特币能够解决非法招标问题……我们所谓的'纸币'经济。"当被告知美国宪法第十六修正案允许联邦政府对任何来源的收入进行征税时，教练耸了耸肩："我不相信……我从未亲自签署或接受过宪法，但比特币是真实存在的，这是真钱，是偷不走的。"[19]

美国国税局成功地起诉了一家主流加密货币交易所——考恩贝斯公司（Coinbase），以获取其客户记录。美国国税局向法庭表明，2015年只有802人报告了比特币的损益情况（法院命令考恩贝斯公司向美国国税局公开的客户账户超过14 000个）。在一项针对2 000多名美国加密货币所有者的调查中，约有57%的受访者表示他们已经意识到加密货币投资能获得收益，也就是美国国税局认定需要缴税的收益。[20] 59%的美国人表示他们从未向美国国税局报告任何此类收益。[21] 一家受欢迎的税务筹划服务机构的数据显示，2018年上半年，美国税务申报人中仅有一小部分（仅为0.04%）向美国国税局报告了加密货币的收益情况。这远远低于7%，这个数字是美国人中拥有比特币或其他加密货币的比例估值，在这些货币的投资上，这些人很可能欠下了国税局的税款。[22]

用比特币进行逃税的方法有很多种。首先，比特币投资者在逃税界享有盛誉。一些知名度高的比特币投资者不断警告自己的加密货币伙伴，提醒他们遵守国税局的规则。“因为在那个行业里没有人缴税，所以当我与区块链社区的人交谈时，我总是在劝他们。我当时是这样说的，哥们儿……你得缴税。”麦克·诺沃格拉茨在2018年6月的一次会议上说道——一位身价上亿的对冲基金经理，现在主要投资于加密货币行业，“听着，美国国税局会追查他们的。大家现在赚着真金白银，而美国国税局并不傻。”[23]

其次，通过加密货币进行破坏反映了金融工程和逃税的普遍问题。从理论上讲，比特币能够帮助富有的投机者完成复杂的商业交易，如免税股票和黄金交易，其中包括以使用当地货币为幌子通过采购代理来进行交易。这种情况恰好针对了加密货币管制的第一阶段。如上所述，比特币的销售是一项应税交易，但将比特币作为抵押品则不然。比特币支持的信贷大大地扩张了规模，促进了影子银行业体系的发展。同样，既然人们认为比特币是一种货币，那么基于比特币的金融衍生品同样是货币，这些交易目前还不需要缴税。

谈到金融衍生品和进一步的创新，我们转向加密货币造成破坏的第三个方面：ICO（首次数字货币发行）和与其相似的 ITO（首次代币发行）。在网络金融领域，在传统股票市场上，ICO 是在模仿 IPO（首次公开幕股），只不过 ICO 是一项投资，而接受投资的公司正在发行新的加密货币。在相对不受监管的环境中，只要是设计者能够想象到的，ICO、ITO 模式就能做得到。最近一项关于代币发售的研究对这些情况进行了分类：81% 是纯粹的骗局，约 6% 失败，约 5% 进入了死胡同，约 8% 继续在交易所进行交易。[24] 仅在美国，天真的投资者就已经为这 271 个项目消耗了 10 多亿美元，其中一些仍在筹集资金。到目前为止，通过诉讼获得索赔的资金只有 2.73 亿美元。自 2017 年以来，超过 90 亿美元以加密货币的形式筹集。[25]

面对这些挑战，各国政府正试图保护投资者。在美国，美国证券交易委员会几乎绝望地推出了一个假的 ICO。HoweyCoins.com 这个虚拟网站是欺骗性质的ICO网站的一个缩影，这类网站所宣传的投资机遇看起来过于完美而不真实。该网站展示了一些常见的把戏，例如具有误导性质或表述模糊的白皮书、保证退货索赔、名人代言以及在交易中“指针转得飞快”的倒计时时钟。当用户点击“立即购买货币”时，他们会被引到美国证券交易委员会设立的 Investor.gov 网站，该网站的设立旨在帮助投资者避开诈骗。该网站警告说，如果用户回应像HoweyCoins这样的网站所提出的投资报价时，他们就“可能被骗”。[26]

在英国，桑坦德银行开展了一项“虚假招聘广告”的试验，来调查有多少英国人会申请“钱骡”（money mule）这样的工作——一项帮助犯罪分子洗钱的工作。为了显得诱人，这份招聘广告宣传了很多金融科技的信息。在提交申请的2 000人中，有1/3的人表示他们愿意接受这份工作，而只有15%的人能准确判断出这份工作是“钱骡”。在这个广告中栽跟头的人中，还是有7%的人表示，即使这是一份“钱骡”的工作，他们还是会申请。[27]

在新技术时代到来之际，所有的一切都可能会重蹈覆辙。然而，该行业的竞争规模和发展速度造成了结构上的脆弱。甚至合法的参与者也可以被洗钱的团伙轻松利用。货币服务公司越多，犯罪网络就越容易传播和掩盖其非法业务，即便业务被冻结，它们也会从一个服务提供商转移到下一个服务提供商。由于其许多策略涉及雇用“钱骡”，服务商数量的增长导致“钱骡”在这个体系中的使用周期变长，即便犯罪团伙最终被揪出，即便它们的业务被冻结。

总 结

在金融领域，基于区块链的预支付技术拥有一批粉丝，他们强调了这些创新的解放性以及技术进步的必然性。金融和技术创新的怀疑者，以及那些熟悉狂热、恐慌和崩溃历史的人都知道，所有技术热潮都会以明显或不明显的欺诈为标志。与许多金融工具一样，问题不在于金融科技本身，而在于一个创新飞速发展且充满竞争性的金融环境，该环境在相对意义上并未受到监管。

不可避免的是，这样的环境会招致破坏者。正如我们将在下一章中看到的那样，人们已经在相当长的时间里大概知晓了金融业务的真实情况，只不过情况不那么令人愉快，而且不知道它会在什么时候陨落——带来灾难性的后果。

第五部分

结　语

13

旧 闻

2007—2009 年的金融危机为政府、智库、国际机构、学术界和法院带来了庞大的工作量。为了调查这次金融危机产生的原因，大量的金钱花费在了开展国会听证会、专家研究和发起法律诉讼上。在大西洋两岸，旧监管机构进行了翻新，新机构得以建立，这使得其职权范围更加明确，能够更好地管理金融体系，并有效避免了 2007—2009 年金融危机带来的问题。事实证明这笔钱没有浪费：各种各样的措施和数千页的新法规被引入并公布，一切都是为了修复危机前金融体系留下的问题。数十亿美元的罚款重重地砸在了某些银行身上，一些银行家锒铛入狱。

然而，在数千页的报告和成堆的新法律法规中，没有任何地方提到金融体系中的破坏活动。虽然在危机发生后不久，部分重心被放置在了培养新的银行业文化和创造更完善的行业道德准则上，但大多数举措仍然空洞。那些金融业中的可憎操作，包括近似犯罪的行为，依然只是被视为越轨，被视为对原本稳定的市场管制的金融中介过程的偶发和异乎寻常的偏离。在危机后的文献中，市场竞争、赢利能力和当今金融市场控制的策略三者之间的联系也并没有得到充分的考虑，以上所说的市场控制甚至会造成无可避免的损害。

你可能会想，这并不奇怪。市场竞争的程度和影响这一概念看起来过于抽象，针对这个概念的辩论适合在学术平台上进行，而对政策制定这一极短期的领域来说可能是浪费时间。同样，关于金融体系破坏的争论充其量也只是煽动性的，它怎么可能成为金融监管的指导性基础呢？好吧，如果你这么想，也许是时候重新思考了，因为破坏理论不仅仅是有潜力去指引金融监管——它曾经是监管模式的基础。

那是 20 世纪 30 年代，美国和国际经济因 1929 年的金融危机遭受了严重打击。对金融体系中的市场破坏行为进行思考为金融监管提供了强大的动力，为战后金融体系打下了基础。在先进工业化世界中建立的监管环境，通常作为一种理想化的体系而被人们记住，这种体系会优先考虑众所周知的实体经济而非金融，优先考虑福利而非市场。这种观点已经根深蒂固，以至于战后的 20 年有时被称为“金融抑制”时代。[1] 这个时代为制造业和生产资本所主导，投机性金融陷入了困境。回首过去，这短暂的布雷顿森林体系时代有时被称为“资本主义的黄金时代”。

无论这是不是一个黄金时代，人们似乎已经遗忘了。保持金融体系稳定的金融法规是在 20 世纪 30 年代设计出来的，其首要目的是解决这个时代所面临的破坏问题。只有在 20 世纪 70 年代后期，那些旨在打击破坏的法规才逐渐被剔除。在新自由主义市场理论和政治理论的引导下，通过发展替代平台、组织和市场，监管机构要么回到了最初针对金融破坏的规则和规定，要么简单地回避了其中许多规则和规定。

2007—2009 年的金融危机与引发经济大萧条的危机截然不同，但至少部分原因是 20 世纪 30 年代法规的倒退，两次危机之间存在着一些不可思议的相似之处，即便不是在它们当初的处理方式上，也是在其导致整个金融系统出现破裂点的动力上。因此，了解 20 世纪 30 年代美国金融监管工作背后的理念，在世界范围内群起而效仿，可能会很有价值。

1934年的《佩科拉报告》和金融监管

为了理解 20 世纪 30 年代新金融法规背后的理念，美国参议院银行货币委员会对 1929 年金融危机的原因进行了调查，形成了《佩科拉报告》，[2] 这是一个很好的起点。尽管费迪南德・佩科拉在调查期间亲自参与了与银行家和金融家的许多访谈，但该报告并没有使用诸如"破坏"之类的情绪用语。用其作者的话来说，该报告旨在"揭露被认为对公共福利有害的银行业务和做法……为发行和出售证券所采用的令人讨厌和不道德的方法……（以及）为避免或规避所得税负债所采用的策略"。[3] 佩科拉全面揭露了广泛的"滥用"、"不光彩"和"不道德"的行为，这些行为都"产生了不利于公共福利的社会影响"。[4] 400 页的文字，以及与当时知名金融家的访谈文件和笔录，提供了大量证据证明金融体系中的破坏行为普遍存在。

《佩科拉报告》的第一章讨论了操纵股市的普遍技术。早在 20 世纪

30年代早期的调查中，场外交易市场就被确定为一个备受关注的问题。这类市场特别适合使用破坏技术，正如本书所讨论的案例。该报告的第一章调查了20世纪20年代经济繁荣时期金融机构为对其客户实行破坏而采用的操纵手段，包括保证金交易，即“借入资金进行证券投机”。[5]

报告中有这样一句话，让人联想起2000年注定要失败的次级抵押贷款市场：

> 保证金交易的安排十分迅速，加之经纪人没有对借款人的个人信用进行任何审查，促使各行各业的人开始投机，而由于缺乏技术和经验，他们注定要失败。[6]

这就好像在几十年后，那些出售抵押贷款的经纪人要将抵押证券化，变为抵押支持债券，他们打开了《佩科拉报告》，并互相说：“啊，这就是我要找的方法。”

该报告得出结论，银行虽然意识到了这些客户面临的危险，却对急功近利更感兴趣。银行没有考虑的因素（正如它们的继任者在70年后没有考虑到的那样）是它们行动的系统性的影响。在整个经济体系中，不断增加的贷款不可避免地造成了体系的脆弱，导致了1929年的崩溃和大萧条。

于是佩科拉转向另一种流行的技术，即在各种金融行为者之间汇集资源的做法。像盗贼委员会一样，金融机构会集中资源来影响股票价格，直到在市场上以高价购买足够多的股票时才开始倾销股票。他们进行举债经营和资源汇集，显然不是因为交易者太相信自己的判断，准备承担更大的风险。“调查显示，汇集资源一般是为了通过集合成员进行协同活动来抬高证券的价格，从而将其持有的股票脱手以获利于公众。”[7] 换句话说，就像苏格兰皇家银行、高盛集团和贷款俱乐部的创始人多年后会做的那样，金融机构汇集其资源，以便创造一种某些证券十分成功的假象，来欺骗毫无戒备的公众。报告在这一章给出的结论是：“股票交易所成员采用的一些活跃交易的方法在技术上虽然符合证券交易规则，但却会对公众带来无法估量的损害。”[8]

然后，该报告的另一个章节继续介绍投行业务，并指出其“垄断趋势”。[9] 其中有一个部分写得很好，描述了“投机和投资银行家”。[10] 这一章概述了银行如何拥有自己的“首选客户名单”，采用“不良行为”，包括支付给投资银行家过高的赔偿、收取介绍费、滥用商业银行和投资银行业务的相互关系，以及表决权信托、抵押品操纵，并且滥用向秘鲁、巴西、智利等发行的债券等。[11]

对于佩科拉来说，“一大罪恶之源是大型商业银行的附属投资公司”。[12] 换句话说，也就是对商业银行和投资银行业务间相互关系的极度滥用。建立投资公司和信托是为了利用控制权或创造不透明度，而不是为了达到投资目的。[13] 投资信托公司和控股公司之间的界限很模糊，以至于前者成了后者。[14] 特殊投资公司（今天我们称之为特殊目的载体）通常被用于同一目的。佩科拉注意到“公司上面再建公司、投资信托基金上再设投资信托基金、控股公司上面再设控股公司”的倾向。[15] 这些技术被用来规避《谢尔曼反托拉斯法》，并产生了垄断。“控股公司组织的主要动机现在变成了促进证券销售计划的发展和财务增长”，[16] 因此，“公司间账目……使得财务报告难以理解”。[17]

《佩科拉报告》的第三章转向了商业银行，指出了一系列滥用行为，包括投机证券、违反对存款人的信托义务、汇集资源等，引发了人们对“银行职员道德规范”的质疑。[18] 私人银行的业务受到了特殊审查。之后的章节讨论了避税技巧，包括通过向亲属转让证券来避税、通过外国公司出售证券来避税，以及通过在适当的时间解散合伙企业来避税。该报告第六章着眼于投资信托公司和股份公司的做法以及财富的集中控制，包括对公众资金的集中控制、组织者利润过高、通过控股公司的金字塔结构进行举债经营以及“上传”投资信托证券等恶劣行为。

佩科拉之后的金融监管

实际上，《佩科拉报告》是对金融破坏的详细研究。虽然国会调查一般不会在谁该担责上遮遮掩掩，但《佩科拉报告》的目的，用其自己的话说：

> 一直都是在为所探索领域的立法补救奠定基础，并且在某种程度上已经达到了目的。在调查过程中，国会颁布了《1933 年银行法》和《1934 年证券交易法》，并对税收法案进行了若干修正，旨在消除小组委员会所述的避税方法。[19]

《佩科拉报告》的总体结论是什么？报告认为，财务问题可以归结为六个核心要点：

第一，金融行业存在高度冲突，如果条件允许，可能会存在滥用客户的情况。

第二，金融机构的杠杆率达到了顶峰，如果条件允许，它们将滥用自己对经济的了解。

第三，较大的金融机构往往会克扣较小的金融机构。

第四，银行家会尽可能地确保利润流向自己，但如果自己不受惩罚，他们也会确保有人为他们的错误买单。

第五，金融机构使用金融工具进行逃税和避税。

第六，金融机构利用投资基金、股份公司等来创造巨大的杠杆率，隐瞒所有权并制造会计不透明度。因此，监管机构需要更长时间才能领会财务状况的不稳定状态。

这些做法的综合影响是脆弱的，这一金融体系在 1929 年 10 月崩塌。佩科拉建议的措施（部分在诉讼期间得以实施）首先是消除金融系统中滥用和破坏的机会。《1933 年银行法》，即《格拉斯 – 斯蒂格尔法案》，修订了《联邦储备法》。这些修正案的关键是将投资银行和商业银行活动进行分离。这些规则旨在削弱银行对经济的影响，有助于消除商业银行和投资银行活动之间的模糊地带，并将战略和投资与其他银行活动分开。

《联邦储备法》的一条修正案要求美联储委员监督会员银行，“随时了解其会员银行贷款和投资的共性和数额，以确定其是否滥用银行信贷进行证券、房地产或商品的投机持有或交易”。为此，每家银行每年都必须报告所有分行的活动。同一联储区域内有两个或两个以上会员银行隶属于同一控股公司时，将被减少到一个。[20]

尽管如此，佩科拉还是觉得有一个领域的问题没有得到解决。那就是银行家的个人责任，也就是遵守道德行为准则的必要性。这最后一个问题从未得到解决，其后果是我们在70年后才开始意识到这一点。

所以，结果就是今天这样。金融体系中的破坏都是旧闻了，但人们越来越忽视这个旧闻，并最终遗忘了它。旨在驾驭并消除破坏性激励和技术的补救性立法，因为效率和消除“繁文缛节”的缘由而被解除了。试图重新审视案件、解决问题和修改这些规则的做法很少，而这些做法在一种意识形态框架的衬托下显得黯然失色，因为这个意识形态框架支撑着新型金融体系，且在经济中具有明显的功能性作用。监管机构反映了该领域的演变，它们曾将重心从把破坏作为系统性崩盘的原因，转移到了系统性崩盘的症状上，即金融不稳定。只要金融稳定，即只要银行没崩溃且市场表现出流动性，金融体系就会被认为处于良好状态。

随着金融体系日益复杂化，监管机构越来越认为，金融体系能够自行解决自身问题。自私的金融参与者之间会达到相互平衡，确保市场能够从根本上消除不良行为。热衷于保持信誉和市场声誉的金融机构将谨慎应对风险。越来越多的人相信，自私自利能够帮助自己保证最佳竞争环境。金融创新得以宣扬，一直以来是因为金融民主化和信贷扩大，以及调节资本市场和借款者关系的中介技术在改进。

就放松金融管制的代价来说，真正的丑闻并不是金融体系在2007—2009年灾难中的崩溃，而是在20世纪30年代，问题的源头才被发现并被认真应对。然后，在导致《格拉斯－斯蒂格尔法案》

1999年被废除的几十年里，甚至在接下来的数十年里，对金融的破坏不再是一个监管问题。然而，破坏行为本身并没有消失。怎么回事呢？“你还能怎样在这个行业赚钱？”我们的一个朋友、一位高盛集团前交易员问道。

今天再看佩科拉的六个观点

让我们根据今天所了解的情况，仔细研究一下佩科拉的主要发现。

1. 金融行业存在高度冲突，如果条件允许，可能会存在滥用客户的情况。

当今金融业在冲突中蓬勃发展。人们可能会认为，2007—2009年的危机可能有助于解决金融利益的潜在冲突，至少能缓解行业中最明目张胆的掠夺行为。但是，金融冲突不仅与银行内部的个人有关，也不单单与个别银行有关。冲突产生于大小规模之间、卖方与买方之间，以及监管机构与市场之间影响力的不对称，这是不可避免的。在激烈的竞争体系中，利益被竞争损害，规模成为控制市场的一个方面。人们通过估计未来的价值进行交易，所以关于资产的期货销售、计划合并、恶意收购的信息，由于可以变现而备受追捧。金融机构的规模越大，就越容易把这些信息变现，并利用它造成影响力的不对称，以此来赚钱。虽然2009年之后，人们开始再次关注那些非常庞大的银行集团（现在被称为“具有系统重要性的金融机构”），但人们关注的并不是知识或信息利用，而是大型银行的潜在破产成本。

同样，资金与客户之间的利益冲突尚未得到解决。在 2009 年之后，富国银行创造了 150 万个假客户，并将一些真实客户的资金转移到虚拟账户中。2009 年之后，财富管理公司利用隐性费用结构和不需要的产品，对特定客户进行欺骗。即使你不是特别同情那些处在困境中的高净值人士，还是要考虑一下数百万新借贷平台的客户，包括金融科技领域的客户。这些平台承诺给投资者带来高额回报，然而，人们却眼看着新的加密货币管理者带着投资者投入的资金消失在互联网中。

我们必须有所警醒，2010 年建立的美国消费者金融保护局（CFPB）是危机后的改革的一部分，在那时是政治上最难采取的措施。同样具有揭示意义的是，美国消费者金融保护局可能已经解决了部分破坏的苗头，但它也是特朗普政府特别想要整改的机构之一：特朗普的金融保护主管解散了三个咨询委员会。[21] 时间将证明白宫是否会成功废除金融消费者保护制度。

2. 金融机构的杠杆率达到了顶峰，如果条件允许，它们将滥用自己对经济的了解。

在危机后的英国银行体系中，平均杠杆率约为 25：1。[22] 在美国，非金融公司自 2009 年起借入了更多贷款，而当局则在最近放宽了对银行体系杠杆率的规定。与此同时，新的影子银行机构自 2009 年以来已在全球范围内扩展，如今在几个重要的经济领域开展经营。它们中的大多数都在扩大信贷体系方面发挥了作用，许多利用高杠杆率的银行，采用的做法往往难以理解或极具隐藏性。因此，即使人们认为今天的银行体系的资本比 2007 年的更充裕（这个说法有待考察），但事实上，金融体系的非银行部分继续增长，而监管根本没有跟上这个趋势。问题仍然存在：谁来买单呢？

3. 较大的金融机构往往会克扣较小的金融机构。

2009 年后，金融业提高效率的新动力对较小的金融机构造成了威胁，其中许多机构在危机后威胁到了大型银行。不出所料，大型银行也许正在反击。10 多年过去了，美国银行业已经被整合为四五家大型机构，而在欧洲，支离破碎的国家银行体系仍然面临着被收购或者其他风险。实际上，进一步整合可能被某些人视为解决欧洲金融体系低竞争力的方案。摩根大通的传奇首席执行官杰米·戴蒙一直是大型银行事业的捍卫者，他在实践方面运用了相当多的政治技巧：他努力游说反对引入《巴塞尔协议Ⅲ》对大型银行的资本要求，他认为这“有违美国人的做法”。[23]

4. 银行家会尽可能地确保利润流向自己，但如果自己不受惩罚，他们也会确保有人为他们的错误买单。

实际上，为什么要阻止利润流向自己呢？如果说你的亏损能够得到丰厚的赔偿，那你又何乐而不为呢？让我们来看看纽约首席检察官安德鲁·库默在 2009 年发表的一篇报告，这篇报告非常有意思。副标题为“正面我赢、反面你输的银行奖金文化”的报告，详细分析了美国大型银行在 2007—2009 年金融危机期间支付的奖金数额。例如，报告指出了这一点：

> 大额支出成为银行的文化期待（cultural expectation）和公司之间的竞争来源。例如，随着业绩的暴跌，美林证券根据业绩分配了薪酬，并通过预测竞争对手的行动来设定奖金池……2007 年，美林证券支付了近 160 亿美元而亏损超过了 70 亿美元；在 2008 年面临近乎崩溃的情况下，支付了接近 150 亿美元的资金。2007—2008 年，美林证券的损失超过了 2003—2006 年累计的收益。[24]

报告中的一个突出因素是一张表格（见表 13.1），[25] 其中展示了在危机期间遭受重大损失的大型银行（并从美国政府那里获得了大笔救助资金）也具有最高的员工收入比。

学界对此有一个称呼，他们把这种趋势称为“风险社会化，利润私有化”。自 2007 年以来，各国央行已向银行体系注入 9 万亿美元，其中美联储和日本中央银行贡献的金额最大。[26] 事实上的世界中央银行资产负债表，已从 2008 年的 980 亿美元扩大到 2018 年的 4.5 万亿美元。[27] 通过这些前所未有的大型政府计划创造的资金，旨在帮助经济从危机后的衰退中复苏。

10 多年过去了，大多数经济学家一致认为（这个行业中通常会出现无休止的分歧），如此空前的扩张并没有达到目标。相反，新创造的流动资产导致资产膨胀，促使房地产和股票价格呈指数上升，并且在此背后，财富管理业快速发展——管理的资产从 2005 年的约 22 万亿美元增长到今天的约 80 万亿美元（高于世界 GDP）。财富管理行业预计将进一步发展，受到专业管理的资产预计将于 2025 年扩大至 145 万亿美元。与此同时，大多数遭受危机打击的经济体都受到了

表13.1　不良资产救助计划(TARP)接受银行2008年的奖金

大型银行	收入（亏损）	奖金池	员工数	员工收入	员工奖金	不良资产救助金额	≥ \$300 万	≥ \$200 万	≥ \$100 万
美国银行	\$4 000 000 000	\$3 300 000 000	243 000	\$243 000	\$13 580	\$45 B	28	65	172
纽约梅隆银行	\$1 400 000 000	\$945 000 000	42 900	\$32 634	\$22 028	\$3 B	12	22	74
花旗银行	（\$27 700 000 000）	\$5 330 000 000	322 800	（\$85 812）	\$16 512	\$45 B	124	176	738
高盛集团	\$2 322 000 000	\$4 823 358 763	30 067	\$77 228	\$160 420	\$10 B	212	391	953
摩根大通	\$5 600 000 000	\$8 693 000 000	224 961	\$24 893	\$38 642	\$25 B	>200		1 626
美林银行	（\$27 600 000 000）	\$3 600 000 000	59 000	（\$467 797）	\$61 017	\$10 B	149		696
摩根士丹利	\$1 707 000 000	\$4 475 000 000	46 964	\$36 347	\$95 286	\$10 B	101	189	428
道富集团	\$1 811 000 000	\$469 970 000	28 475	\$63 600	\$16 505	\$2 B	3	8	44
富国银行集团	（\$42 933 000 000）	\$977 500 000	281 000	（\$152 786）	\$3 479	\$25 B	7	22	62

注：该表是2008年最初的9个不良资产救助计划接受银行的奖金发放情况，重点介绍了每个银行的收入（亏损），奖金池，员工数，员工收入，员工奖金，不良资产救助金额分别超过300万美元、200万美元和100万美元的奖金支付情况。

经济紧缩措施的束缚，政府推出这些措施是为了解决金融危机的遗留问题。

5. 金融机构使用金融工具进行逃税和避税

《佩科拉报告》的这一章是在丹麦最大的银行之一丹斯克银行丑闻曝光的背景下撰写的。2018 年人们在事后得知，丹斯克银行通过其爱沙尼亚分行在 2007—2015 年对 2 000 亿欧元（合 2 350 亿美元）的非法俄罗斯现金进行了洗钱。该银行的首席执行官和首席法务官不得不辞职。不久前该银行是欧洲最被民众信赖的金融机构之一，现在却面临着美国司法部的刑事调查。随着丑闻的曝光，丹麦政府和投资者似乎早在 2014—2015 年就知晓了银行内部的怀疑和警告，但却没有采取任何措施来阻止现金流动。

丹斯克银行不是第一家，也很可能不是最后一家与洗钱和逃税计划挂钩的银行。北欧联合银行是另一家备受尊崇的欧洲银行，目前正面临着类似指控。我们采访了一位在美国知名银行工作的高级职员，他说，不断扩大的财富管理业以及主要银行中私人银行业务的增长，越发说明今天金融体系的很大一部分掌握在富豪手中。

6. 金融机构利用投资基金、股份公司等来创造巨大的杠杆率，隐瞒所有权并制造会计不透明度。因此，监管机构需要更长时间才能领会财务状况的不稳定状态。

无须走太远，让我们以爱尔兰为例。这个因翠绿植被和丰沛雨水而闻名的国家，也是全球金融工程中心的重要节点。事实上，爱尔兰是国际金融不透明的核心，一个备受追捧的产品甚至以它为名：双层爱尔兰三明治。

“双层爱尔兰三明治”是指帮助公司避税的会计和税收方案。自20世纪80年代后期以来，美国跨国公司主要使用这一方法来规避对所有外国企业征收的企业税。历史上，“双层爱尔兰三明治”是最大的避税工具，它使美国公司每年可以摆脱约1 000亿美元的税款。“双层爱尔兰三明治”通常与“双层荷兰三明治”出双入对，后者是另一种避税工具。尽管美国当局了解该方案，却是欧盟于2014年10月迫使爱尔兰关闭了该方案，自2015年1月起生效。随着政策被宣布，爱尔兰提供了替代的避税工具，包括现在被称为“单一麦芽威士忌”的东西——爱尔兰和马耳他之间的一项安排，允许公司在一个国家赚取利润，而在另一个国家征税。[28]

爱尔兰也是世界上最大的特殊目的载体中心之一，在金融领域，特殊目的载体广泛应用于债务重组和证券发行。总部位于爱尔兰的特殊目的载体公司与一系列金融诈骗案有关，这些金融骗局已被证实但尚未完全证实，它们往往涉及新兴市场的银行和基金。最近的一起案例涉及阿塞拜疆国际银行（IBA），该银行利用名不见经传的都柏林实体出售债券。这些债券由哈萨克斯坦的国家相关基金买入。三年后，总部位于巴库的银行违约，其首席执行官因贪污入狱，而哈萨克斯坦一家价值220亿美元的国家退休基金则不得不调查其对债务的投资。阿塞拜疆国际银行受阿塞拜疆政府控制，自2007年以来通过都柏林的特殊目的载体，借助摩根大通银行和花旗银行安排的交易，借款约9亿美元。[29]

2015 年，全球五大银行——摩根大通银行、美林银行、德意志银行、野村控股公司和摩根士丹利国际银行——报告称在英国的企业所得税为零，而英国是世界上最大的国际金融中心。加上在英国缴纳了一些企业税的高盛和瑞银，这一年，上述七家银行在英国总共雇用了 33 000 名员工。报告称，它们在英国的获利高达 200 亿英镑，利润为 35 亿英镑，但最终仅缴纳了总计 2 100 万英镑的企业所得税。[30]

与此同时，2016 年欧洲排名前 20 位的银行在全球避税天堂中的利润至少高达 180 亿英镑。[31] 这些机构在卢森堡的利润加起来为 49 亿欧元（42 亿英镑），超过了在英国、瑞典和德国所创利润的总和。各国数据显示，2015 年欧洲银行在避税天堂的利润为 3.83 亿欧元，但不曾支付 1 欧元的税款。[32]

与之前的许多危机一样，全球金融危机一直都是一个教训。比如，我们今天更了解银行如何倒闭，在有组织的平台上共有多少金融衍生品在交易，或证券化能引起什么结果。但是，关于金融业务的一个重要问题仍然令人费解：具体而言，我们的金融家是如何做到如此一致地赚取超额利润的？

经济理论告诉我们，要在竞争激烈的市场中赚钱几乎是不可能的。商业信息告诉我们，即使面对市场变化和监管冲击，我们的金融家仍然能赚取巨额利润。金融市场通常被定义为竞争极为激烈的市场，那么何来超额利润呢？大约 80 年前，佩科拉发现，不可避免的是，金融中的超额利润可追溯到凡勃伦所谓的“破坏”的某种形式：这种形式的存在是为了妨碍、阻挠、拖延、误导、摧毁或者是利用“房间里最愚蠢的人”。

14

结　论

在本书中，我们的工作就像翻译工作者一样，在解释学术界和专业媒体对金融业动态进行的深入调查。我们与经济学家进行了交谈，特别是那些对行业持更广泛、更系统观点的人。我们还与金融界的学者和客户进行了交谈，其中包括一些高净值人士。在这个过程中，我们学到了很多东西，然后，我们决定从《佩科拉报告》开始回顾金融监管的历史。

1934 年，参议员费迪南德·佩科拉和某位惠特尼先生在调查金融家于 1929 年崩盘和随后的经济大萧条前所使用的一系列操纵手法时，有一场有趣的对话：

> 佩科拉：“你说的自由开放市场，不是指受控市场，对吗？”
>
> 惠特尼先生：“什么是受控市场？”[1]

这种交流可能反映了佩科拉对金融业核心问题的内心思考。它还记录了我们从行业研究中学到的东西。佩科拉的细致调查发现，在自由、开放、竞争的借口下，金融行为者试图控制市场。他们通过利用客户来破坏市场的“被捕获”部分，从而实现了这一目标。通过破坏其竞争对手（通过确保竞争不会创造一个公平的竞争环境），或通过破坏政府规则——维护自由和开放市场的规则。

近90年来，金融破坏的机制在形式上发生了变化，但实质未变。问题是，为什么破坏如此持久？我们发现了两个相关原因。首先，佩科拉和我们都没有指出金融行为者纯粹是因为有趣而故意伤害其客户、竞争对手或政府的。金融行为者试图控制市场并干预市场，不是因为他们特别贪婪或特别流氓，而是因为他们试图让自己免受真正变幻莫测的竞争的影响以及价格机制的严厉约束，那不可避免地会使利润变得微薄。他们采取的方式往往会对其客户、竞争对手和国家造成伤害。

其次，我们认为破坏行为之所以有增无减，主要是因为对破坏行为的惩罚力度太小。大约80年前引入的对破坏行为的监管已经在以提升市场效率和增强金融体系的名义“回滚”了。反过来，2009年后的改革虽然表面上很全面，但却是建立在市场确实是在“正常”时期运作的假设之上的。因此，改革者优先考虑的是市场稳定和危机管理问题。

问题是，为什么要这样？上面讨论的材料以及前金融家和监管机构的许多其他研究和回忆录都描述了弥漫金融业的普遍不安情绪，奇怪的是，人们似乎不认为破坏是金融体系的系统特征。还有一个难题，就是为什么以前制定的那些对抗市场控制趋势的法规被“回滚”。这些问题的答案都有其自己的历史。

首先，“破坏”是一个非常尖锐的词，我们的受访者总是这样暗示我们。商业在资本主义中很重要，金融体系对所有经济体的运作都至关重要。将破坏视为一种系统的行为特征会引发关于我们所在系统的令人不安的问题，这不是一件容易的事情。我们谁也逃不了，记得吗？

其次，问题不仅仅是礼仪和惯例的事。几个世纪以来，由于金融城在伦敦以及华尔街在纽约的中心地位，管理金融的基本法律框架基于普通法。在这个法律框架中，成熟的商业惯例先于法律惯例并贯穿于法律惯例。反过来，这种商业惯例的首要地位使金融业不仅能够制定游戏规则，如通过向市政法规提供建议，而且还依靠有限责任等法律结构来逃避责任。这使得识别责任人更加困难：检察官总是面临提供行动意图和行动非法的证据的挑战。即使将针对银行的案件提交法院（例如在 Abacus 案件中），面临的挑战也是证明机构内的某个人有意伤害客户或业务伙伴。涵盖金融合同的合法欺诈和金融工程能确保金融机构完全符合法律条文，即使不符合法律精神。这使得起诉很有难度、费力且昂贵。

最后，还有更深层次的范式原因。今天金融监管的主要优先事项不是在道德方向上纠正商业行为，而是为了确保金融体系的稳定。在2007—2009 年金融危机后，世界各国的央行和金融监管机构非常重视系统中的风险分布、机构失灵的可能性和危机管理。不可否认，这是一件好事。

事实上，这种对金融稳定的关注本身就是一场革命，它只是在20世纪90年代后期的危机浪潮之后才进入了监管议程。在“新自由主义时代”的鼎盛时期，在20世纪80年代和90年代，金融稳定不是监管的一贯主题，仅仅因为大家认为市场本应提供稳定性。事实上，直到2007—2009年金融危机爆发前，学术界和监管机构一直都在争论央行是否应该首先关注金融稳定。危机及其后果加速了有利于金融稳定的争论的解决，但很明显，在危机后的改革措施中，提高金融透明度和引入新消费者保护机构的举措是最困难的。

当你听到银行家抱怨2009年后监管的新成本时，请相信他们是发自内心的。过去60年来，银行系统从未受到如此严格的监管和监督。与2007年之前的金融鼎盛时期相比，今天的银行合规、审计和账户管理成本过高。一位资深伦敦银行家告诉我们，资产负债表“已成为一种稀缺资源”。国际银行业务渠道和清算系统用于监管恐怖分子和洗钱者。也请对所谓的全球具有系统重要性的金融机构（SIFI）表示同情：它们的监管负担仍然较高，而且它们受到不断的审查。国家和国际层面的规则制定者和监管者现在将一系列复杂和广泛的模型、要求、测试和调查对准了银行系统。

新法规的制定只考虑了一个想法，立法者打算通过提高违规成本来引起行业的行为改变。反过来，人们认为需要改变行为才能使系统更加稳健和稳定。谁能与之争辩呢？一个更强大的金融体系比脆弱的金融体系肯定能更好地服务于真正的经济体？

“稳定”是一个有趣的词，我们敢说，“稳定”也可能是一个具有误导性的词。海曼·明斯基现在是金融领域的经典人物，他打趣说，稳定总是会破坏稳定。在对未来经济充满乐观的环境中，危险很容易被低估，经济主体也会参与风险越来越大的活动。最终，这些风险会成为无法偿还的债务，随之而来的便是金融危机。但稳定之所以不稳定，不仅因为它导致不稳定，还因为它滋生了破坏。

这让我们得出了一些令人惊讶的结论。如果法规针对控制市场的企业本能，那么金融业务就可以开始为社会服务了。因此，根据这一判断，我们采取明确的亲市场但反商业的立场。我们认为金融监管首先应该关注业务方面，尤其是试图从最广泛的意义上破坏市场的业务。

我们当时是在呼唤新的佩科拉吗？在 21 世纪重新引入 20 世纪 30 年代的规定？不，至少不是字面意义上的。20 世纪 30 年代的金融架构仍然是我们迄今为止最接近以破坏为目标的安排。与普遍看法相反，佩科拉提出的金融监管的主要原因和理由，包括那些成为《格拉斯 – 斯蒂格尔法案》基础的法规，并不意味着扭曲市场。从根本上说，这些规定是亲市场但反商业的。它们旨在保护金融市场免受金融行为者控制信息和结果流动的企图。看来，市场与商业之间的这种区别是今天讨论金融监管时最难克服的障碍。

20 世纪 30 年代的金融监管框架并非基于市场与监管之间的二元区分。正如我们在第 1 章中所描述的那样，参议员佩科拉及其委员会成员将商业理解为将金钱原则强加于生活的各个方面。《佩科拉报告》既冗长又精辟，它提到了一个可以最好地描述意识形态的问题。看来，金融业的破坏，或者我们在本书中描述的控制市场的各种技术，在自由市场的借口下效果最好。自由市场的概念，据称所有金融业务都认可，被用作破坏客户、竞争对手或国家的完美面纱。这是一个烟雾缭绕的世界，在那里，可以利用意识形态和政治辩论来支持破坏技术。

任何针对21世纪金融破坏的监管挑战都是要超越对个体机构和个性的内在关注，认识到监管套利、不透明甚至创新均是捕获和控制市场的常用手段。因此，我们呼吁回归20世纪30年代的哲学，即亲市场但反商业的哲学，以及将制定旨在保护金融消费者免受破坏的政策作为监管核心的哲学。

这种哲学已被遗忘。我们习惯于沿着二元轨道思考。金融界典型的政策辩论反映了政治中左翼与右翼之间更广泛的分裂，这是“亲市场”（私人）和“亲国家”（监管）本能之间的分歧。前一阵营通常与右翼相关联，提倡认可市场首要地位的政策。另外，由于该政策被视为最有效的资源分配技术，政治右翼认为市场功能越不受管制，国家越不干预，市场就越自由，也越有效率。由于企业是市场的代理人，这一立场也被称为“亲商”立场。

左派的看法不同，他们一直对市场效率的理论或主张持怀疑态度。进步学者指出，市场天生就会产生赢家和输家，并且随着时间的推移，赢家将利用其制度权力将其优势嵌入法律和制度中。阶级社会出现了，富人和穷人之间的结构性差距也在显现，这在现有制度中难以纠正。凯恩斯及其追随者更加推动了对市场的怀疑，他们中的许多人将自由化的金融市场等同于投机的自由。于是出现了区分积极金融交易和消极金融交易的一种理论。积极金融交易支持对实体经济的投资，消极金融交易纯粹是为了谋取短期投机收益。

这种二元推理相当简单，有迹象表明它们之间出现了第三种方式。在2007—2009年金融危机的政治后果中，反市场但亲商业逐渐成为商界主流。我们被告知，商业可以为社会创造就业机会和财富，而市场本质上是不稳定的，对其听之任之，它就会崩溃。反金融也很时髦，这通常被视为对其他经济的“诅咒”。我们认为，这两个立场虽然都渴望实现更公平的经济，却错过了一个重要的观点。在自由、透明和竞争激烈的市场中，超级利润是无法实现的。企业将采取一切必要措施使自己脱离自由市场和竞争的影响，采用各种策略和工具来破坏和控制市场。在金融业务中，这些策略通过破坏客户、竞争对手和国家来实现。

破坏的悖论是，虽然表面上它是一个行为问题，但在金融领域，它既是系统性的，也是有条不紊的。在该领域内，不断争夺和控制市场意味着我们的金融中介——无论是银行、新的金融科技初创企业还是影子银行——都将利用其规模、资本、创新和技术运作来绕过现有法规，增强实力和自主性，破坏竞争对手，剥削客户和公共资源。金融破坏也是有条不紊的，因为它在监管周期中动态演变：扩大现有市场，利用监管利基并开辟新的市场，使金融企业能够在危机时期避免成本并将风险社会化。

所以呢？我们要成立一个反破坏委员会，或是一个不良行为监察会？也许不需要。但是，在历史的基础上，21 世纪以佩科拉为灵感的金融监管方法可以采取一些简单而重要的知识步骤，以建立更加充分的监管框架：

1. 超越“市场与监管”的二分法，将盈利困境置于任何监管方法的核心。

2. 基于承认企业首先需要控制市场，通常以牺牲公众为代价，在“市场”和“商业”之间做出重要区分，即使在政治上不受欢迎。

3. 认识到金融稳定本身并不意味着金融能够很好地为经济和社会服务。充其量，稳定只会巩固现状，在最坏的情况下，它会造成不稳定并导致破坏。

4. 基于这样一个简单的想法：金融消费者——无论你和我、新和旧——都需要在这个行业中受到保护，因为金融破坏既是系统性的，也是有条不紊的。这种保护不是新信用卡、贷款或证券合同下面一条精细却几乎不可读的脚注。在理想情况下，这种保护应涉及一系列制度安排，对国家起主动作用，客户可以真正享受金融竞争的好处，而不必补偿金融家的不良行为。

5. 最后，也许最根本的是，我们需要停止将金融视为管理“别人的钱”的企业。金融是创造和管理我们财富的业务，它需要被理解和监管。

注 释

引 言 每家公司都想成为高盛

1. T. Wallace, 'Goldman Sachs accused of "taking advantage" of naive Libyans who "live in the middle of the desert with camels"', *Telegraph*, 13 June 2016.
2. C. Bray, 'Goldman Sachs didn't trick Libyan fund', *The New York Times*, 14 October 2016.
3. L. Endlich, *Goldman Sachs: The Culture of Success*, Touchstone, 2000.
4. SEC, https://www.sec.gov/news/press/2010/2010-59.htm, 2010.
5. Litigation Release No. 21489, 16 April 2010.
6. G. Smith, *Why I Left Goldman Sachs: A Wall Street Story*, Grand Central Publishing, 2012.
7. P. A. Samuelson, 'Proof That Properly Anticipated Prices Fluctuate Randomly', in *The World Scientific Handbook of Futures Markets*（World Scientific Handbook in Financial Economics Series）, World Scientific, 2015, ch. 2, pp. 25–38.
8. T. Burgis, 'Dark money: London's dirty secret', *Financial Times*, 11 May 2016, https://www.ft.com/content/1d805534-1185-11e6-839f- 2922947098f0.
9. 'Deutsche Bank Moscow faces three investigations over possible money laundering', *Moscow Times*, 16 July 2015; https://themoscowtimes.com/ articles/deutsche-bank-

moscow-faces-three-investigations-over-possible- money-laundering-48219.
10. http://www.finance-watch.org/hot-topics/blog/1186-jenkins-bank-mis deeds.
11. T. Veblen, *The Engineers & the Price System: From the Author of The Theory of the Leisure Class, The Theory of Business Enterprise, Imperial Germany and the Industrial Revolution & The Higher Learning in America*, Musaicum Books, 2017.
12. Senate Committee on Banking and Currency, 1934, pp. 3–4.

第一部分　作为经济学概念的“破坏”

01. 金融体系中的“破坏”行为

1. 该学派被称为进化经济学或旧制度经济学，主要与托斯丹·凡勃伦和约翰·罗杰斯·康芒斯的著作有关。有关进化经济学的老学派的广泛讨论，请参见：J. Hodgson, *The Evolution of Institutional Economics,* Routledge, 2004, and J. Hodgson, ‘John R. Commons and the Foundations of Institutional Economics’, *Journal of Economic Issues*, 37, 2003, pp. 547–576.
2. T. Veblen, *The Engineers & the Price System: From the Author of The Theory of the Leisure Class, The Theory of Business Enterprise, Imperial Germany and the Industrial Revolution & The Higher Learning in America*, Musaicum Books, 2017, p. 4.
3. 同上 , p. 5。
4. J. Crotty, ‘If Financial Market Competition is So Intense, Why are Financial Firm Profits So High? Reflections on the Current “Golden Age” of Finance’, University of Massachusetts Amherst, PERI Working Paper Series, No. 134, April 2007, p. 2.
5. J. Bain, ‘The Profit Rate as a Measure of Monopoly Power’, *Quarterly Journal of Economics*, vol. 55, no. 2, 1 February 1941, pp. 271–293, https:// doi.org/10.2307/1882062.
6. K. J. Arrow, ‘Rational Choice Functions and Orderings’, *Economica*, vol. 26, 1959, pp. 121–127, https://doi.org/10.2307/2550390.
7. 贝恩说，“就超额利润来说，无论超额数字有多大，都可以肯定市场处于某种程度的失衡状态。另外，失衡是由垄断造成的，尽管这种超额利润并非垄断的绝对指标，但如果它持续存在的话，就有可能预示垄断的出现”。（贝恩《利润率是衡量垄断强度的一种方法》。）

8. 换句话说，国家是哈耶克自由主义者蔑视的政治实体。
9. K. Ward, *Marketing Finance: Turning Marketing Strategies into Shareholder Value*, 3rd edn, Routledge, 2011, p. 1.
10. L. Makowski and J. M. Ostroy, 'Perfect Competition and the Creativity of the Market', *Journal of Economic Literature,* vol. 39, 2001, pp. 479–535, https://doi.org/10.1257/jel.39.2.479.
11. L. Corey, *The House of Morgan: A Social Biography of the Masters of Money*, G. H. Watt, 1930, p. 193.
12. 同上, p. 245。
13. T. Veblen, *Absentee Ownership: Business Enterprise in Recent Times – The Case of America*, Transaction Publishers, 2017, pp. 40–41.
14. 同上, p. 42。
15. 同上, p. 47。
16. L. D. Brandeis, *Other People's Money: And How the Bankers Use It*, F. A. Stokes, 1914, p. 4.
17. 2015 年，约翰·凯从 21 世纪的角度重新审视了 OPM 的概念（J. Kay, *Other People's Money: Masters of the Universe or Servants of the People?*, Profile Books, 2015）。
18. Corey, *House of Morgan*.
19. 同上, p. 448。
20. 同上, p. 404。
21. Senate Committee on Banking and Currency, 'The Pecora Report: The 1934 Report on the Practices of Stock Exchanges from the Pecora Commission', US Senate, Report No. 1455, Washington, DC: June 2009 [1934], https://www.senate.gov/artandhistory/history/common/ . . ./ pdf/Pecora_FinalReport.pdf.
22. M. Josephson, *The Robber Barons: The Great American Capitalists, 1861 to 1901*, Eyre and Spottiswoode, 1962, p. 411.
23. Senate Committee on Banking and Currency, 'Pecora Report', p. 396.
24. 通货膨胀和经济萧条，这两者归咎于凯恩斯主义政策。
25. 参见有关这一问题的一些畅销书：F. Partnoy, *Fiasco: Blood in the Water on Wall Street*, Profile Books, 2009; M. Lewis, *Liar's Poker: Two Cities, True Greed*, Hodder and Stoughton, 1989; S. Das, *Traders, Guns and Money: Knowns and Unknowns of the Dazzling World of Derivatives*, Prentice Hall, 2006。
26. M. Puri, 'Commercial Banks in Investment Banking: Conflict of Interest or Certification Role?', *Journal of Financial Economics*, vol. 40, 1996, pp. 373–401; G. J. Benston, W.

C. Hunter and L. D. Wall, 'Motivations for Bank Mergers and Acquisitions: Enhancing the Deposit Insurances Put Option versus Earnings Diversification', *Journal of Money, Credit and Banking*, vol. 27, 1995, pp. 777–788.

27. J. Spindler, 'Conflict or Credibility: Research Analyst Conflicts of Interest and the Market for Underwriting Business', *Journal of Legal Studies*, vol. 35, no. 2, June 2006, pp. 303–325.
28. 最近引入的《欧盟金融工具市场法规二》，禁止在金融行业中提供免费咨询。

02. 谁也逃不了："破坏"行为和债务循环

1. http://www.imsdb.com/scripts/Margin-Call.html.
2. D. Graeber, *Debt: The First Five Thousand Years*, Melville House Publishing, 2013.
3. S. Strange, *States and Markets*, Continuum, 1988.
4. 十分夸张但又十分确切的是，金融业实际上和人类历史一样古老。法玛甚至都不是作为有效市场理论的思想的发起者而被人们熟知的，尽管这个理论是当代金融经济学的核心。这个想法可以追溯到保罗·萨缪尔森，他的贡献可见于他一篇文章的标题"关于正确预测的价格会随机波动的证明"，该文章刊登于《世界期货市场科学手册》(《金融经济学丛书》中的《世界科学手册》，第 2 卷，第 25—38 页），在信息有效的市场中，如果价格变化能够被精准地预测，即价格变化完全纳入所有市场参与者的预期和信息，那么价格变化一定是不可预测的。
5. E. Fama, 'Efficient Capital Markets: A Review of Theory and Empirical Work', *Journal of Finance*, vol. 25:2, 1970, p. 383. 根据尤金 · 法玛的说法，在一个完全高效的市场中，公司可以做出生产投资决策，并且投资者可以在证券中做出选择。这些证券代表了公司活动的所有权，前提是证券价格在任何时候都能"充分反映"一切可用信息。
6. 这个概念由佩里·梅林提出（*The New Lombard Street*, Princeton University Press, 2010）。
7. P. Berstein, Against the Gods: The Remarkable Story of Risk, John Wiley and Sons, 1998.
8. E. Weber, 'A Short History of Derivative Security Markets', SSRN Working Paper, June 2008, https://papers.ssrn.com/sol3/papers.cfm?abstract_id=1141689.
9. S. Kummer and C. Pauletto, 'The History of Derivatives: A Few Milestones', EFTA Seminar on Regulation of Derivatives Markets, Zurich, 3 May 2012, State Secretariat for Economic Affairs and Federal Department of Economic Affairs.

10. Kummer and Pauletto, 'History of Derivatives'.
11. J. Huizinga, *Homo Ludens: A Study of the Play-Element in Culture*, Beacon Press, 1971, p. 16. See https://archive.org/details/in.ernet. dli.2015.100122/page/n19.
12. F. Braudel, *Civilization and Capitalism, 15th–18th Century*, vol. 2: *The Wheels of Commerce*, Weidenfeld and Nicolson, 2002, and vol. 3: *The Perspective of the World*, University of California Press, Berkeley, 1992; P. Chaunu, *La Civilisation de l'Europe des Lumières: 239 Héliogravures,* Flammarion, 1971.
13. 主要是通过在美国建立联邦国民抵押贷款协会（房利美）和联邦住房抵押贷款公司（房地美）等机构。
14. H. Schwarz, *Subprime Nation: American Power, Global Capital and the Housing Bubble*, Cornell University Press, 2009.
15. D. Awrey, 'Toward a Supply-Side Theory of Financial Innovation',*Journal of Comparative Economics*, vol. 41:2, 2013, p. 401.
16. T. Piketty, *Capital in the Twenty-First Century*, Harvard University Press, 2014.
17. The City UK, 2013.
18. 在美国，资产管理规模从 GDP 的 50%左右增加到 GDP 的 240%左右。自 1980 年以来，相同的趋势以更短的时间在英国出现。A. Haldane, 'The Age of Asset Management', speech at London Business School, 4 April 2014, https://www.bankofengland.co.uk/speech/2014/the-age-of-asset- management。
19. P. A. Samuelson, 'Proof That Properly Anticipated Prices Fluctuate Randomly', in *The World Scientific Handbook of Futures Markets*（World Scientific Handbook in Financial Economics Series）, World Scientific, 2015, ch. 2, p. 41.
20. Reuters, 'Global financial market losses $50 trillion: ADB study', 9 March 2009, https://www.reuters.com/article/us-financial-adb/global- financial-market-losses-50-trillion-adb-study-idUSTRE5281FN2009 0309.

03. 金融创新中的破坏

1. 首先，约翰·富尔德要求其团队运用书中的所有技巧火速抛售银行的不良产品，然后将其转移给任何客户、同行或竞争对手。
2. W. Frame and L. White, 'Empirical Studies of Financial Innovation: Lots of Talk, Little Action?', Working Paper 2002-12, Federal Reserve Bank of Atlanta, 2002.
3. S. Polillo, *Conservatives vs Wildcats: A Sociology of Financial Conflict*, Stanford University Press, 2013.
4. 'Stars of the Junkyard', *Economist*, 21 October 2010, https://www. economist.com/

briefing/2010/10/21/stars-of-the-junkyard.
5. W. Cohan, 'Michael Milken invented the modern junk bond, went to prison, and then became one of the most respected people on Wall Street', Business Insider, 2 May 2017, http://uk.businessinsider.com/ michael-milken-life-story-2017-5?r=US&IR=T.
6. 'Stars of the Junkyard', *Economist*.
7. Cohan, 'Michael Milken invented the modern junk bond'.
8. 'Stars of the Junkyard', *Economist*.
9. Cohan, 'Michael Milken invented the modern junk bond'.
10. 这个部分的想法来自拉涅利个人和所罗门兄弟银行作为金融机构的经典故事：Michael Lewis's *Liar's Poker: Two Cities, True Greed*, Hodder and Stoughton, 1989.
11. T. Piskorski, A. Seru and J. Witkin, 'Asset Quality Misrepresentation by Financial Intermediaries: Evidence from RMBS Market', Kreisman Working Paper Series in Housing Law and Policy, No. 9, University of Chicago Law School, 2013.
12. 艾克信律师事务所（Axinn Veltrop & Harkrider LLP）的合伙人唐纳德·霍索恩这样说，他代表单线保险公司和住房抵押贷款支持证券的投资者，向抵押贷款发起人（包括美国国家金融服务公司）就抵押证券提起诉讼。Source: D. Ingram and P. Rudegeair, 'U.S. accuses Bank of America of mortgage-backed securities fraud', Reuters, 6 August 2013, https://uk.reuters.com/article/us-bofa-justice-idUSBRE9750ZU20130806。
13. Press Association, 'Barclays agrees to pay $2bn to settle US fraud case', *Guardian*, 29 March 2018, https://www.theguardian.com/ business/2018/mar/29/barclays-agrees-to-pay-2bn-to-settle-us-case-justice-department-mortgage-backed-securities.
14. M. Arnold, 'RBS settles DoJ fraud claims over mortgage-backed securities', *Financial Times*, 26 October 2017, https://www.ft.com/ content/2231f092-f991-3eef-9ebe-4a46ed6ddf9f.
15. 'Banks paid $321 billion in fines since financial crisis: BCG', Reuters, 2 March 2017, https://www.reuters.com/article/us-banks-fines/banks- paid-321-billion-in-fines-since-financial-crisis-bcg-idUSKBN1692Y2.
16. S. Tully, 'Lewie Ranieri wants to fix the mortgage mess', *Fortune*, 9 December 2009, http://archive.fortune.com/2009/12/08/real_estate/ lewie_ranieri_mortgages.fortune/index.htm.
17. SIFMA, Bonds Outstanding, https://www.sifma.org/resources/research/ bond-chart/.
18. 到目前为止，关于信用违约掉期和团队工作的最佳故事出自吉莉安·泰德的*Fool's Gold: How Unrestrained Greed Corrupted a Dream, Shattered Global Markets and Unleashed a Catastrophe*, Abacus, 2009。
19. F. Norris, 'Naked truth on default swaps', *The New York Times*, 10 May 2010,

https://www.nytimes.com/2010/05/21/business/economy/ 21norris.html?mtrref=www.google.com.

20. 同上。
21. H. Hu, 'Reform the credit default swap market to reign in abuses', *Financial Times*, 24 February 2019, https://www.ft.com/content/ 1fcd2f34-2e14-11e9-80d2-7b637a9e1ba1.
22. A. Davidson, 'How AIG fell apart', Reuters, 18 September 2008, https:// www.reuters.com/article/us-how-aig-fell-apart-idUSMAR8597272008 0918.
23. 同上。
24. 同上。
25. 同上。
26. J. Giannone, 'AIG bailout good for banks while investors bleed', Reuters, 11 March 2009, https://www.reuters.com/article/us-aig- bailout-sb-idUSTRE52A0TP20090311.
27. 'Credit derivatives: the great untangling', *Economist*, 6 November 2008, https://www.economist.com/briefing/2008/11/06/the-great-untangling.
28. H. Minsky, *Stabilizing an Unstable Economy*, Yale University Press, 1986, p. 346.
29. J. Hosters, 'Joseph Schumpeter and His Legacy in Innovation Studies', *Knowledge, Technology, & Policy*, vol. 18:3, 2005, pp. 20–37. J. A. Schumpeter, 'The Influence of Protective Tariffs on the Industrial Development of the United States', in *Proceedings of the Academy of Political Science*, May 1940, pp. 2–7.
30. M. Lavoie, *Introduction to Post-Keynesian Economics*, Palgrave Macmillan, 2009.
31. 律师要花好几年时间才能弄清雷曼兄弟银行和许多在 2007—2009 年倒闭的公司所产生的信用违约掉期敞口。
32. D. Newman, 'Exploring 5 Trends Driving the Fintech Revolution', *Forbes*, 3 July 2018.

第二部分 "没有冲突，就没有收益"：破坏客户

04. 苏格兰皇家银行的"死魂灵"

1. Letter to Treasury Select Committee, House of Commons, London, 28 January 2018, BankConfidential, TSC/BC/WB/10118, https://bankconfidential.com/wp-content/uploads/2018/02/TSC-Final-letter- 1-1.pdf.
2. 上述细节由 Bank Confidential 透露，Bank Confidential 是一家服务于苏格兰皇家银行集团的揭发者和愿意举报其机构恶行的银行机构。

3. Promontory Financial Group, 'RBS Group Treatment of the SME Customers Referred to the Global Restructuring Group', report prepared for the Financial Conduct Authority, September 2016.
4. T. Edmonds, 'Treatment of SMEs by RBS Global Restructuring Group', Debate Pack, House of Commons Library, 16 January 2018.
5. 同上。
6. Clifford Chance LLP, 2011, 'Independent Review of the Central Allegation Made by Dr Lawrence Tomlinson in Banks'Lending Practices: Treatment of Businesses in Distress', 11 April 2014, https://www.rbs. com/content/dam/rbs_com/ rbs/Documents/News/2014/ 04/Clifford- Chance-Independent-Review.pdf.
7. C. Binham, 'RBS unit memo told staff to let clients "hang themselves" ', *Financial Times*, 17 January 2018.
8. I. Fraser, 'A Short History of RBS's Global Restructuring Group', Ian Fraser blog, 17 June 2012, http://www.ianfraser.org/has-rbs-be come-a-rogue-institution/.
9. A. Verity, 'The hotel that RBS took . . . and sold to RBS', BBC Business News, 18 April 2018, https://www.bbc.com/news/business-43486731.
10. Easter quoted in T. Bristow, 'Four hotels, an £8m firm, all gone – one Norfolk hotelier's battle with RBS', *Eastern Daily Press*, 21 March 2018, http://www.edp24.co.uk/business/hotelier-david-easter-rbs-grg-turnsaround-norfolk-1-5443669; https://senecabanking.co.uk/tales-from-the- global-restructuring-group/.
11. PWC, 'Arlington Place Hotel Limited – in Administration', The Joint Administrators' Final Progress Report for the period from 11 July 2013 to 2 January 2014, PWC, 2 January 2014, p. 5.
12. Hansard, 'Treasury Committee: Oral Evidence: RBS' Global Restructuring Group and Its Treatment of SMEs', HC 737, 30 January 2018, http://data.parliament.uk/writtenevidence/committeeevidence.svc/evide ncedocument/treasury-committee/rbs-global-restructuring-group-and- its-treatment-of-smes/oral/77683.html.
13. 同上。
14. I. Fraser, 'My nightmare 10-year battle for RBS damages: businessman in landmark court victory backs campaign for safeguards', *Financial Mail on Sunday*, 28 October 2017.
15. I. Fraser, 'RBS executives seem to think they're above the law', Ian Fraser blog, 16 December 2010.
16. J. Treanor, 'RBS facing £400m bill to compensate small business customers', *Guardian*, 8 November 2016, https://www.theguardian.com/business/2016/ nov/08/

rbs-facing-400m-bill-to-compensate-small-business-customers.
17. 同上；also I. Fraser, *Shredded: Inside RBS, the Bank That Broke Britain*, Birlinn, 2014。
18. Edmonds, 'Treatment of SMEs by RBS Global Restructuring Group'.
19. L. Boyce, ' "I worked at RBS during the financial crisis – and sales pressure is now ten times worse": dozens more whistleblowers step forward to tell of bank misery', This is Money, 4 August 2016, https:// www.thisismoney.co.uk/money/saving/article-3712765/Dozens-RBS- staff-tell-hard-sales-pressure-branches.html.
20. N. Megaw, 'RBS ranked UK's least popular bank', *Financial Times*, 15 August 2018.
21. C. Binham, 'MPs slam "regulatory black hole" for bank lending to small business', *Financial Times*, 26 October 2018, https://www.ft.com/ content/551fb48a-d875-11e8-a854-33d6f82e62f8.

05.“员工是我们最大的资产”：高盛的算盘事件

1. M. Levine, 'Abacus CDO bites Goldman back', Bloomberg, 26 September 2018, https://www.bloomberg.com/opinion/articles/2018-09-26/ abacus-cdo-bites-goldman-back.
2. Goldman Sachs, Consent of Defendant Goldman, Sachs & Co., *SEC v. Goldman Sachs & Co.*, 790 F. Supp. 2d 147（SDNY 2011）（No. 10-CV-3229）, 2010 WL 2779309.
3. Note 3 in SEC, Complaint, Litigation Release, 2010, https://www.sec. gov/litigation/complaints/2010/comp-pr2010-59.pdf.
4. 从法律上讲，针对高盛的案子不是无懈可击的。 如果银行专注于辩护的细节，更重要的是，专注于结构性交易的各个方面，那么它本来是可以胜诉的。
5. E. Rosenbaum, 'Goldman Sachs stock: buy, sell or hold?', TheStreet, 20 April 2010, https://www.thestreet.com/story/10728591/1/goldman- sachs-stock-buy-sell-or-hold.html.
6. 高盛前交易员法布里斯·杜尔的案件不属于和解的范畴，因为他被发现存在欺诈投资人的罪行。参见 https://www.reuters.com/article/us-goldmansachs-sec-tourre-idUSKBN0E72JG20140527。
7. Levine, 'Abacus CDO bites Goldman back'. Italics in the original.
8. 尽管如此，这一块在高盛内部的整体作用不应被夸大。尽管担保债务凭证和结构性产品交易占按揭出纳处2006年10亿美元收入的近一半，但这仅占高盛380亿美元总收入的一小部分（B. McLean and J. Nocera, *All the Devils are Here: Unmasking*

the Men Who Blew Up the World, Viking, 2010)。
9. https://www.goldmansachs.com/who-we-are/people-and-culture/index. html?view=mobile.

06. “一个简单的前提”：富国银行

1. M. Egan, ‘5 300 Wells Fargo employees fired over 2 million phony accounts’, CNN Business, 8 September 2016, https://money.cnn. com/2016/09/08/investing/wells-fargo-created-phony-accounts-bank- fees/index.html.
2. 同上。
3. M. Levine, ‘Wells Fargo opened a couple million fake accounts’, Bloom- berg, 9 September 2016.
4. P. Rucker, ‘Exclusive: Wells Fargo faces sanctions for auto insurance payouts – sources’, Reuters, 15 March 2018, https://www.reuters.com/ article/us-wells-fargo-accounts-auto-exclusive/exclusive-wells-fargo- faces-sanctions-for-auto-insurance-payouts-sources-idUSKCN1GR0G3.
5. E. Glazer, ‘Whistleblowers detail Wells Fargo wealth management woes’, *Wall Street Journal*, 27 July 2018.
6. 同上。
7. 同上。
8. 同上。
9. 同上。
10. https://www.wellsfargo.com/about/corporate/vision-and-values/.
11. C. Binham, ‘MPs slam “regulatory black hole” for bank lending to small business’, *Financial Times*, 26 October 2018, https://www.ft.com/ content/551fb48a-d875-11e8-a854-33d6f82e62f8.

第三部分　消灭敌人：互相破坏

1. 高盛在危机期间的崛起产生了广泛的阴谋论。人们注意到高盛的人在政府中的地位有多高：纽约证券交易所的邓肯·尼德劳，总统办公厅主任约书亚·博尔滕、罗伯特·鲁宾，比尔·克林顿时期的美国财政部长、世界银行集团的罗伯特·佐利克和同在财政部的汉克·保尔森。有关金融家政治联系的更多信息，请参见：

Jeff Madrick's *Age of Greed: The Triumph of Finance and the Decline of America, 1970 to the Present*, Vintage Books, 2012; Gillian Tett's *Fool's Gold: How Unrestrained Greed Corrupted a Dream, Shattered Global Markets and Unleashed a Catastrophe*, Abacus, 2009; and Rana Foroohar's *Makers and Takers: How Wall Street Destroyed Main Street*, Crown Business, 2017。

07. 谁导致了贝尔斯登的破产

1. 'America's Most Admired Companies', *Fortune*, 2007.
2. 华尔街记者凯特・凯利将银行描述为"饥渴、草率且渴望利润的"。我们的一位受访者简单地谈到了贝尔斯登："那些家伙是罪犯。"
3. Kate Kelly, *Street Fighters: The Last 72 Hours of Bear Stearns, the Toughest Firm on Wall Street*, Portfolio, 2009, pp. 25–26.
4. 获奖者找到了一种精准的方法来为市场中的预期波动率定价。在很短的时间内，美国长期资本管理公司（LTCM）就成为传奇。有关它的一切（员工、方法、策略）似乎都证明，采用科学的方法来理解金融风险能够产生实质性的超级利润：美国长期资本管理公司以 25 : 1 的杠杆率为其客户带来了 40%的回报。
5. 主要经纪服务包括证券借贷、杠杆操作和现金管理。这些类型的服务通常由大型银行提供，主要为大型金融机构的多样化交易业务提供便利。
6. 下列金融机构贡献了 3 亿美元：信孚银行、巴克莱银行、美国大通银行、瑞士信贷第一波士顿、德意志银行、高盛银行、美林银行、摩根大通银行、摩根士丹利银行、所罗门美邦国际银行和瑞银。法国兴业银行筹集了 1.25 亿美元，巴黎银行和法国农业信贷银行各筹资 1 亿美元。
7. 吉米・凯恩的举动也增加了这笔交易的不确定性，因为贝尔斯登担任了美国长期资本管理公司的票据交换所，并且比任何人都更了解其财务状况。
8. William D. Cohan, House of Cards: How Wall Street's Gamblers Broke Capitalism, Allen Lane, 2009, pp. 244–253.
9. 同上 , p. 321。
10. The institution filed for bankruptcy on 2 April 2007 Cohan, House of Cards, pp. 317–320.
11. 同上 , p. 320.
12. 同上 , p. 327.
13. 同上 , p. 378.
14. 2007 年 11 月，《华尔街日报》发表了一篇文章，批评贝尔斯登的首席执行官。它指责吉米・凯恩玩桥牌和抽烟，而没有专注于挽救公司（K. Kelly, 'Bear CEO's

handling of crisis raises issues', Wall Street Journal, 1 November 2007, https://www.wsj.com/articles/SB119387369474078336)。尽管凯恩在一本给贝尔斯登员工的备忘录中反击了该指控，但该出版物进一步损害了贝尔斯登的声誉（K. Amadeo, 'Bearn [sic] Stearns, Its Collapse, and Bailout', The Balance, 8 October 2018）。也可参见 https://dealbook.nytimes.com/2007/11/02/ the-bear-stearns-memo-cayne-speaks/。

15. Kelly, Street Fighters, p. 15.
16. Cohan, House of Cards, p. 11.
17. R. Boyd, 'The last days of Bear Stearns', Fortune, 31 March 2008.
18. 尽管推测是德意志银行，但永远无法确定具体是哪家银行（Cohan, House of Cards, p. 16）。
19. Boyd, 'The last days of Bear Stearns'.
20. 同上。
21. Kelly, *Street Fighters*, p. 14.
22. Cohan, *House of Cards*, p. 23.
23. 由前贝尔斯登员工约翰·保尔森进行。
24. B. Burrough, 'Bringing Down Bear Stearns', *Vanity Fair*, 30 June 2008, https://www.vanityfair.com/news/2008/08/bear_stearns200808-2.
25. 同上。
26. 高盛集团的信用衍生产品小组向其对冲基金客户发送了一封电子邮件，宣称高盛将不再介入贝尔斯登的衍生品交易。海曼资本的凯尔·巴斯说："当收到高盛的电子邮件时，我感到非常惊讶。"他有个同事打电话给高盛，看看是否有误。前贝尔斯登的推销员巴斯说："没有。"高盛告诉华尔街日报，他们和贝尔斯登公司的合作到此为止，双方合作存在的风险太大，所以就这样结束了。http://archive.fortune.com/2008/03/28/magazines/fortune/boyd_bear. fortune/index.htm。
27. Cohan, *House of Cards*, pp. 27–28.
28. Kelly, *Street Fighters*, pp. 15–16.
29. L. Chincarini, *The Crisis of Crowding: Quant Copycats, Ugly Models, and the New Crash Normal*, John Wiley and Sons, 2012, p. 150.
30. Boyd, 'The last days of Bear Stearns'.
31. Burrough, 'Bringing Down Bear Stearns'.
32. 同上。
33. 董事总经理兼再融资业务（固定收益部）的主管保罗·弗里德曼回忆说："信心的丧失造成了三个相关的后果：主要经纪客户以不断增加的速度提取了现金和无抵押证券；回购市场贷款人拒绝展期或续签回购贷款，即使这些贷款得到了诸如机构证券等高质量抵押品的支持；外汇交易中非同时结算的对手拒绝付款，除非贝尔斯登先付款。”弗里德曼在美国金融危机调查委员会面前总结道：“尽管对这种失去信心的行为是没有根据的，但鉴于贝尔斯登公司强大的资本状况和大量流动资金，这将导致该公司资本的快速外逃，导致公司无法生存。回顾过去，我不认为贝尔斯登在其融资模式方面可以做得与众不同，可以防止银行挤兑。”（FCIC, ‘Financial Crisis Inquiry Report’.）

34. 同上。由于贝尔斯登作为非存款机构的地位，它无法直接获得中央银行的贷款。后来美联储的间接介入是否合法这一问题受到了调查。
35. Amadeo, ‘Bearn [sic] Stearns, Its Collapse, and Bailout’.
36. 同上。
37. R. Peston, ‘How hedge funds sunk Bear Stearns’, *BBC News*, 14 March 2008.
38. A. Clark, ‘Former Bear Stearns boss Jimmy Cayne blames conspiracy for bank’s collapse’, *Guardian*, 5 May 2010.
39. K. Kelly and S. Craig, ‘Goldman is queried about Bear’s fall’, *Wall Street Journal*, 16 July 2008. Goldman representatives insisted on multiple occasions that their actions were never prompted by ill intentions (Cohan, House of Cards, p. 28) .
40. Z. Goldfarb, ‘Former Bear Stearns executives blame collapse on “self- fulfilling prophecy”’, *Washington Post*, 6 May 2010.
41. K. Kelly, ‘EC will scour Bear trading data’, *Wall Street Journal*, 28 May 2008.
42. Kelly, *Street Fighters*, p. 21.
43. Burrough, ‘Bringing Down Bear Stearns’.

08. 恶有恶报：苏格兰皇家银行的兴衰

1. P. Augar, *The Death of Gentlemanly Capitalism: The Rise and Fall of London’s Investment Banks*, Penguin Books, 2008.
2. I. Fraser, *Shredded: Inside RBS, the Bank That Broke Britain*, Birlinn, 2014, pp. 23–24.
3. 同上 , p. 52。
4. 同上 , p. 77。
5. 同上。
6. 同上 , p. 94。
7. 同上 , p. 96。
8. ‘Scots on the Rocks’, *Economist*, 25 February 2010.
9. Fraser, *Shredded*, p. 239.
10. 同上。

11. 同上，p. 243。
12. 同上，p. 264。
13. 为了确保荷兰银行资产负债表上 1.025 亿欧元的数额，这一措施对于荷兰监管机构来说是一项合理的安全措施，然而这一要求使得苏格兰皇家银行陷入了高风险的监管困境。
14. Fraser, *Shredded*, pp. 249–250.
15. 同上，p. 256。
16. 同上，p. 259, and I. Fraser, ‘Do Merrill Lynch bankers know no shame?’, Ian Fraser blog, 23 January 2009。
17. 苏格兰皇家银行购买了桑坦德银行 1%的股份，桑坦德银行购买了苏格兰皇家银行 9.9%的股份，并将其所有表决权授予苏格兰皇家银行。
18. Fraser, *Shredded*, p. 47.
19. ‘Emilio Botín’, Bloomberg Businessweek, 17 June 2002.
20. E. Robinson and M. Montijano, ‘Santander’s Ana Botín has something to prove’, Bloomberg, 23 November 2015.
21. “他们习惯了与桑坦德银行的董事胡安·罗德里格斯·伊切特和埃米利奥·博廷等分享想法。这些会议上出现的一种共同看法是，银行业合并将加速，任何未能进行收购的银行本身都将成为收购目标。”（Fraser, *Shredded*, p. 50.）
22. 同上。桑坦德银行已经收购了荷兰银行在巴西和意大利的子公司，并计划立即将该意大利子公司转售给意大利西雅那银行（Banco Monte dei Paschi di Siena）。
23. Fraser, *Shredded*, p. 261.
24. 同上。
25. ‘The banker the credit crisis couldn’t touch’, *Independent*, 27 July 2008, https://www.independent.co.uk/news/business/analysis-and- features/the-banker-the-credit-crisis-couldnt-touch-878002.html.
26. Fraser, *Shredded*, p. 349.
27. J. Pickard and S. Goff, ‘Santander can bid for RBS business branches’, *Financial Times*, 1 November 2009.
28. 同上。
29. ‘Scots on the Rocks’, *Economist*.
30. Fraser, *Shredded*, p. 252.
31. A. Seager, L. Elliot and J. Kollewe, ‘Barclays admits borrowing hundreds of millions at Bank’s emergency rate’, *Guardian*, 31 August 2007.
32. 同上。
33. 这种安排的结果则是，金融行为管理局和欺诈重案办公室不得不介入调查（D.

Schäfer, et al., 'Barclays in Qatar loan probe', *Financial Times*, 30 January 2013)。In 2018 the UK court had thrown the case out。

34. H. Wilson, P. Aldrick and K. Ahmed, 'RBS investigation: Chapter 2 – the ABN Amro takeover', *Telegraph*, 11 December 2011.
35. 'RBS and Barclays should both be getting the jitters', 'Comment', *Telegraph*, 28 July 2007.
36. J. Werdingier, 'Barclays withdraws bid to take over ABN-Amro', *The New York Times*, 6 October 2007.

09. 留心好建议：德意志银行在冰岛的好帮手

1. P. Jenkins and L. Noonan, 'How Deutsche Bank's high-stakes gamble went wrong', *Financial Times*, 9 November 2017.
2. 任命后不久，他说："我不知道为什么要向我提供一份附有奖金的合同，因为我向你保证，我不会因为酬劳的多少，在哪一年的哪一天多做或少做一些工作。"同上。
3. 同上。
4. 这里有 5 522 名"关键任务人员"的"留任金"。一位董事会成员说："这可能是我们做出的最困难的决定之一。"
5. 该银行在诸多方面超越了冰岛，其许多业务都是在英国开展的。其大多数投资银行业务是在伦敦进行的，客户以英国人为主，在 2008 年，至少 35 亿欧元（30 亿英镑）的资金以在线存款的形式从英国储户的高息网络账户 Kaupthing Edge 中流入辛格和弗里德兰德银行（KSF）。
6. G. Robinson, 'Kaupthing: We're not—repeat NOT—desperate', *Financial Times*, 'Alphaville', 5 March 2008.
7. In Icelandic: http://www.mbl.is/media/00/1200.pdf.
8. Executive summary of the SIC report is available in English at https:// www.rna.is/media/skjol/RNAvefKafli2Enska.pdf.
9. Sigrún Davíðsdóttir, 8 December 2015 at 11.57 p.m.（Sigrún Davíðsdóttir, undated, 'What is Deutsche Bank hiding in Iceland?', Sigrún Davíð dóttir's Icelog, http://uti.is/?s=deutsche）.
10. 同上。
11. 同上。
12. S. Bowers, 'London business figures embroiled in Kaupthing fraud investigation', *Guardian*, 6 June 2010.

13. Deutsche Bank, *Annual Report*, 2016, p. 369. SPV Proceedings refers to the two offshore companies, Chesterfield and Partridge.
14. 'Deutsche bank zahlt 450 Millionen im Kaupthing-Vergleich', *Manager Magazin*, 22 March 2017, http://www.manager-magazin.de/unterneh men/banken/deutsche-bank-offenbar-450-millionen-im-kaupthing-ver gleich-gezahlt-a-1139859.html（in German）; Deutsche Bank, Annual Report, 2016, p. 369.
15. 'Beide Asien-Finanzchefs beurlaubt', Handelsblatt, 19 May 2015（in German only）.

第四部分　大的、坏的和加密的：对国家的破坏

10. 大的："大而不能倒"且逍遥法外的银行业

1. T. Braithwaite, 'Dimon warns breaking up JPMorgan would hurt US financial power', *Financial Times*, 14 January 2015.
2. M. Arnold et al., 'Banking M&A: the quest to create a European champion', *Financial Times*, 11 July 2018.
3. N. Ranawake, 'There is no debate; the country needs bigger and stronger banks', *Daily FT*, 29 June 2018.
4. M. O' Hara and W. Shaw, 'Deposit Insurance and Wealth Effects: The Value of being "Too Big to Fail"', *Journal of Finance*, vol. 45, 1990, pp. 1587–1600.
5. D. P. Morgan and K. J. Stiroh, 'Too Big to Fail after All These Years（SSRN Scholarly Paper No. ID 813967）', Social Science Research Network, Rochester, NY, 2005.
6. A. Haldane, 'On being the Right Size', speech at the Institute of Economic Affairs, 22nd Annual Series, The 2012 Beesley Lectures, at the Institute of Directors, London, 25 October 2012, https://www.bis. org/review/r121030d.pdf.
7. M. J. Roe, 'Structural Corporate Degradation Due to Too-Big-to-Fail Finance', *University of Pennsylvania Law Review*, vol. 162, 2014, pp. 1419–1464.
8. 2009 年后的一项规定要求银行准备"生前遗嘱"，这些文件预先规定了该机构在危机中如何筹集资金，以及在破产后如何解除业务。
9. S. Nasiripour, 'Largest banks likely profited by borrowing from Federal Reserve, lending to Federal Government', *Huffington Post,* 26 April 2011.
10. 同上。
11. D. Wheelock, 'Too Big to Fail: The Pros and Cons of Breaking Up Big Banks',

Regional Economist, St Louis Fed, October 2012.
12. W. Harrison, 'In defence of big banks', *The New York Times*, 22 August 2012.
13. G. J. Benston, W. C. Hunter and L. D. Wall, 'Motivations for Bank Mergers and Acquisitions: Enhancing the Deposit Insurance Put Option versus Earnings Diversification', *Journal of Money, Credit and Banking*, vol. 27, 1995, pp. 777–788.
14. E. Brewer and J. Jagtiani, 'How Much Did Banks Pay to Become Too-Big-To-Fail and to Become Systemically Important?', *Journal of Financial Services Research*, vol. 43, 2013, pp. 1–35.
15. Moody's, 'Danièle Nouy of ECB on Consolidation in European Banking Sector', 27 September 2017, https://www.moodysanalytics. com/regulatory-news/sept-27-daniele-nouy-of-ecb-on-consolidation- in-european-banking-sector.
16. P. Larsen, 'Lever again', Reuters, 27 December 2017, https://www. breakingviews. com/features/regulators-will-drive-next-wave-of-eu-bank- mergers/.
17. F. Fiordelisi, 'Why Do Banks Merge?', in: Mergers and Acquisitions in European Banking, Palgrave Macmillan Studies in Banking and Financial Institutions, Palgrave Macmillan, 2009, pp. 48–84; D. Focarelli, F. Panetta and C. Salleo, 'Why Do Banks Merge?', *Journal of Money, Credit and Banking*, vol. 34, 2002, pp. 1047–1066.
18. G. Morgentson, 'A bank too big to jail', *The New York Times*, 15 July 2016, https:// www.nytimes.com/2016/07/17/business/a-bank-too-big- to-jail.html.
19. A. Monaghan, ' "Too big to fail" risks growing in asset management', *Guardian*, 4 April 2014, https://www.theguardian.com/business/2014/ apr/04/asset-management-risks-bailout-rising-warns-bank-of-england.

11. 坏的：金融衍生品、偷税和避税

1. 根据投资指南，“开曼群岛没有法律或法规专门监管场外交易市场的股票衍生品交易，也没有专门负责此类规定的监管机构”。https://gettingthedealthrough. com/area/85/jurisdiction/59/equity-derivatives-cayman-islands/。
2. 采用不同的方法，比较起来的结果则不同。
3. R. Mason, 'Bankrupt Cayman Islands to get £38m bail-out', *Telegraph*, 30 September 2009, https://www.telegraph.co.uk/finance/ financialcrisis/6248284/Bankrupt-Cayman-Islands-to-get-38m-bail- out.html.
4. US Senate, 'Abuse of Structured Products', Majority and Minority Staff Report, Permanent Subcommittee on Investigations, 22 July 2014 Hearing, p. 3.

5. 同上, p. 2。
6. 同上, p. 3。
7. 德意志银行和巴克莱银行并不孤单。一般认为，第一个篮子期权结构是加拿大皇家银行（RBC）于 1996 年设计的。加拿大皇家银行使用托管交易账户上的衍生期权推销了篮子期权结构，以规避加拿大的杠杆率限制法规（美国参议院，2014 年，第 1855 页，脚注）。自 20 世纪 90 年代以来，对冲基金经常利用类似的规则来最大限度地缩小预扣税的敞口，从而成为对冲基金常利用的一个普遍漏洞（L. Lopez, 'The IRS is getting serious about cracking down on another cherished hedge fund tax loophole', Business Insider, 1 July 2013）。

12. 加密的：资金的挖掘

1. 当时，俄罗斯没有关于证券欺诈的法律。
2. 'How MMM Works?', https://bitcointalk.org/index.php?topic=77276.0.
3. M. Carney, 'The Promise of FinTech – Something New under the Sun?', speech at the Bank of England, 25 January 2017, https://www. bankofengland.co.uk/speech/2017/the-promise-of-fintech-something- new-under-the-sun.
4. European Commission, 'What is Fintech?', https://ec.europa.eu/info/ business-economy-euro/banking-and-finance/fintech_en.
5. 早在 19 世纪 60 年代末期，欧洲美元市场近乎偶然地在伦敦出现，并迅速填补了战后整个布雷顿森林体系中的一个漏洞。
6. So dubbed by the University of California-Irvine law professor Omri Marian.
7. O. Bateman, 'Bitcoin might make tax havens obsolete', Motherboard, *Vice*, 22 June 2016, https://motherboard.vice.com/en_us/article/wnxzpy/ bitcoin-might-make-tax-havens-obsolete.
8. D. Ketchum, '15 biggest crowdfunding scams and failures of all time', Go Banking Rates, 14 March 2018, https://www.gobankingrates.com/ making-money/business/biggest-crowdfunding-scams-failures/.
9. 'Fed researchers compare P2P lending to subprime mortgages', Finextra, 10 November 2017, https://www.finextra.com/newsarticle/31322/ fed-researchers-compare-p2p-lending-to-subprime-mortgages.
10. https://en.wikipedia.org/wiki/Lending_Club.
11. P. Rudegeair, 'LendingClub CEO fired over faulty loans', *Wall Street Journal*, 9 May 2016, https://www.wsj.com/articles/lending club-ceo-resigns-over-sales-review-1462795070.

12. M. Erman and H. Somerville, 'LendingClub says ex-CEO took loans to boost volumes', Reuters, 28 June 2016, https://www.reuters.com/ article/us-lendingclub-ceo-idUSKCN0ZE13Q.
13. 'FTC charges Lending Club with deceiving consumers', FTC press release, 25 April 2018, https://www.ftc.gov/news-events/press-releases/2018/04/ ftc-charges-lending-club-deceiving-consumers-0.
14. G. Wildau and Y. Jia, 'Collapse of Chinese peer-to-peer lenders sparks investor flight', *Financial Times*, 22 July 2018, https://www.ft.com/ content/75e75628-8b27-11e8-bf9e-8771d5404543.
15. I. Kaminska, 'Fintech's security/access paradox problem', *Financial Times*, 'Alphaville', 3 October 2016, https://ftalphaville.ft.com/2016/ 10/03/2176471/ fintechs-securityaccess-paradox-problem/.
16. 到 2013 年，所谓的丝绸之路网（DEF）一直是暗网上的主要电子商务平台。罗斯·乌布利希落入法网之后，这个网站就被阿尔法湾(Alpha Bay)等许多其他非法交易平台取代了。虽然“恐惧海盗”罗伯茨将终身待在监狱中，但是当局现在仍然无法掌握他的大部分比特币。
17. L. Katz, 'Criminals may ditch bitcoin for Litecoin, Dash, study says', Bloomberg, 8 February 2018, https://www.bloomberg.com/news/ articles/ 2018-02-08/ criminals-are-ditching-bitcoin-for-litecoin-and- dash-study-says.
18. Bateman, 'Bitcoin might make tax havens obsolete'.
19. 同上。
20. Conducted in January 2018.（Source: J. Wieczner, 'Bitcoin investors aren't paying their cryptocurrency taxes', *Fortune*, 13 February 2018, http://fortune.com/2018/02/13/ bitcoin-cryptocurrency-tax-taxes/.）
21. 同上。
22. 同上。
23. 同上。
24. E. Kelso, 'New study: 80% of ICOs are scams, only 8% reach an exchange', Bitcoin.com, 28 March 2018, https://news.bitcoin. com/80-of-icos-are-scams-only-8-reach-an-exchange/.
25. CNN, 'ICO scams have raised more than $1 billion, report claims', 19 May 2018, https://www.ccn.com/ico-scams-have-raised-more-than-1- billion-report-claims/.
26. H. Partz, 'SEC launches mock ICO to show investors warning signs of fraud', Coin Telegraph, 16 May 2018, https://cointelegraph.com/news/ sec-launches-mock-ico-to-show-investors-warning-signs-of-fraud.

27. I. Kaminska, 'Fintech as a gateway for criminal enterprise', *Financial Times*, 'Alphaville', 12 January 2018, https://ftalphaville.ft.com/2018/ 01/12/2197610/fintech-as-a-gateway-for-criminal-enterprise/.

第五部分　结　语

13. 旧　闻

1. R. McKinnon, *Money and Capital in Economic Development*, Brookings Institute, 1973.
2. 以参议员费迪南德·佩科拉的名字命名，他是领导 1932—1934 年参议院银行货币委员会，并调查银行和金融滥用行为的第四人也是最后一人。佩科拉扩大了调查的范围，向引发 1929 年危机的核心动力靠近。
3. Senate Committee on Banking and Currency, 'The Pecora Report: The 1934 Report on the Practices of Stock Exchanges from the Pecora Commission', US Senate, Report No. 1455, June 2009 [1934], pp. 9, 30, https://www.senate.gov/artandhistory/history/common/ . . ./pdf/ Pecora_FinalReport.pdf.
4. 同上。
5. 同上。
6. 同上，p. 9。
7. 同上，p. 31。
8. 同上，p. 81。
9. 同上，p. 85。
10. 同上，p. 87。
11. 同上，p. 110。
12. 同上，p. 113。
13. 同上，p. 360。
14. 同上，p. 363。
15. 同上，p. 373。
16. 同上，p. 381。
17. 同上，p. 384。
18. 同上，p. 214。
19. 同上，p. 4。

20. Section 4 of the Federal Reserve Act.
21. M. Price and P. Schroeder, 'Trump's consumer financial chief disbands key advisory boards', Reuters, 6 June 2018, https://www.reuters.com/ article/us-usa-cfpb-boards/trumps-consumer-financial-chief-disbands- key-advisory-boards-idUSKCN1J22PN.
22. M. Wolf, 'Banking remains far too undercapitalised for comfort', *Financial Times*, 21 September 2017, https://www.ft.com/content/ 9dd43a1a-9d49-11e7-8cd4-932067fbf946.
23. L. Noonan and P. Jenkins, 'JPMorgan: defying attempts to end "too big to fail"', Financial Times, 12 September 2018, https://www.ft.com/ content/0eebc7de-b4de-11e8-b3ef-799c8613f4a1.
24. A. Cuomo, 'No Rhyme or Reason: The Heads I Win, Tails You Lose Bank Bonus Culture', 2009, p. 2.
25. 同上，p. 5。
26. I. Kottasowa, '9 trillion and counting: how central banks are still flooding the world with money', CNN Business, 9 September 2016, https://money. cnn.com/2016/09/08/news/economy/central-banks-printed-nine-trillion/ index.html.
27. K. Darrah, 'The QE reversal', World Finance, 26 April 2018, https:// www.worldfinance.com/banking/the-qe-reversal.
28. P. Donohoe, 'How often is the "Single Malt" tax loophole used? The government is finding out', The Journal, 15 November 2017, https:// www.thejournal.ie/single-malt-tax-evasion-3698512-Nov2017/.
29. R. Griffin et al., 'How Azerbaijan's biggest bank used Dublin on way to default', *Irish Times*, 19 June 2017, https://www.irishtimes.com/ business/financial-services/how-azerbaijan-s-biggest-bank-used-dublin- on-way-to-default-1.3124981.
30. 2014 年，英国最赚钱的投资和商业银行摩根大通根据其国别报告（CBCR）显示，该银行年利润达 26 亿美元(合 17.5 亿英镑），但未缴税。摩根大通在英国的税收负担为 5.24 亿美元，但这一数额被其外国税收抵免、前期的超额付款以及"其他可用税收减免收益"所抵销（H. Austin, 'Five of world's biggest investment banks pay no UK corporation tax', *Independent*, 23 December 2015, https://www.independent.co.uk/news/business/news/five-of-worlds- biggest-investment-banks-pay-no-uk-corporation tax a6783716.html）. Overall corporation tax has fallen as a proportion of the total tax paid by the financial services sector in the UK from 40.8 per cent in 2007 to only 19.8 per cent in 2015（M. Arnold, et al., 'Banks pay lowest proportion of tax since before financial crisis', *Financial Times*, 4 December 2015, https:// www.ft.com/content/1414b394-99dc-11e5-987b-d6cdef1b205c）。

31. M. Aubrey and T. Dauphin, 'Opening the Vaults: The Use of Tax Havens by Europe's Biggest Banks', Oxfam, 2017.
32. Jessica Fino, 'UK Banks Make £9bn in Profits in Tax Havens', *Economia*, 27 March 017, https://economia.icaew.com/news/ march-2017/uk-banks-hold-9bn-in-profits-in-tax-havens.

14. 结　论

1. Senate Committee on Banking and Currency, 'The Pecora Report: The 1934 Report on the Practices of Stock Exchanges from the Pecora Commission', US Senate, Report No. 1455, June 2009 [1934], p. 31, https://www.senate.gov/artandhistory/history/common/.../pdf/Pecora_ FinalReport.pdf.

参考文献

Amadeo, K., 'Bearn [*sic*] Stearns, Its Collapse, and Bailout', The Balance, 8 October 2018 (updated), https://www.thebalance.com/bearn-stearns-collapse-and-bailout-3305613

Arnold, M., 'Banks pay lowest proportion of tax since before financial crisis', *Financial Times*, 4 December 2015

Arnold, M., 'RBS settles DoJ fraud claims over mortgage-backed securities', *Financial Times*, 26 October 2017, https://www.ft.com/content/2231f092-f991-3eef-9ebe-4a46ed6ddf9f

Arnold, M., et. al., 'Banking M&A: the quest to create a European champion', *Financial Times*, 11 July 2018, https://www.ft.com/content/cd640614-78a1-11e8-8e67-1e1a0846c475

Arrow, K. J., 'Rational Choice Functions and Orderings', *Economia*, vol. 26, 1959, pp. 121–7, https://doi.org/10.2307/2550390

Aubry, Manon, and Thomas Dauphin, 'Opening the Vaults: The Use of Tax Havens by Europe's Biggest Banks', Oxfam, 2017

Augar, P., *The Death of Gentlemanly Capitalism: The Rise and Fall of London's Investment Banks*, Penguin Books, 2008

Austin, H., 'Five of world's biggest investment banks pay no UK corporation tax', *Independent*, 23 December 2015, https://www.independent.co.uk/news/business/news/five-of-worlds-biggest-investment-banks-pay-no-uk-corporation-tax-a6783716.html

Awrey, D., 'Toward a Supply-Side Theory of Financial Innovation', *Journal of Comparative Economics*, vol. 41:2, 2013, p. 401

Bain, J., 'The Profit Rate as a Measure of Monopoly Power', *Quarterly Journal of Economics*, vol. 55:2, 1 February 1941, pp. 271–93, https://doi.org/10.2307/1882062

Bank Confidential, Letter to Treasury Select Committee, House of Commons,

London, 28 January 2018, TSC/BC/WB/10118, https://bankconfidential.com/wp-content/uploads/2018/02/TSC-Final-letter-1-1.pdf

Bateman, O., 'Bitcoin might make tax havens obsolete', Motherboard, *Vice*, 22 June 2016, https://motherboard.vice.com/en_us/article/wnxzpy/bitcoin-might-make-tax-havens-obsolete

Benston, G. J., W. C. Hunter and L. D. Wall, 'Motivations for Bank Mergers and Acquisitions: Enhancing the Deposit Insurance Put Option versus Earnings Diversification', *Journal of Money, Credit and Banking*, vol. 27, 1995, pp. 777–88, https://doi.org/10.2307/2077749

Berstein, P., *Against the Gods: The Remarkable Story of Risk*, John Wiley and Sons, 1998

Binham, C., 'RBS unit memo told staff to let clients "hang themselves" ', *Financial Times*, 17 January 2018

Binham, C., 'MPs slam "regulatory black hole" for bank lending to small business', *Financial Times*, 26 October 2018, https://www.ft.com/content/551fb48a-d875-11e8-a854-33d6f82e62f8

Bloomberg, 'Emilio Botin', 17 June 2002, https://web.archive.org/web/20110601110648/http://www.businessweek.com:80/magazine/content/02_24/b3787634.htm

Bowers, S., 'London business figures embroiled in Kaupthing fraud investigation', *Guardian*, 6 June 2010, https://www.theguardian.com/business/2010/jun/06/kaupthing-deutsch-bank-iceland

Boyce, L., '"I worked at RBS during the financial crisis – and sales pressure is now ten times worse": dozens more whistleblowers step forward to tell of bank misery', This is Money, 4 August 2016, https://www.thisismoney.co.uk/money/saving/article-3712765/Dozens-RBS-staff-tell-hard-sales-pressure-branches.html

Boyd, R., 'The last days of Bear Stearns', *Fortune*, 31 March 2008, http://archive.fortune.com/2008/03/28/magazines/fortune/boyd_bear.fortune/index.htm

Braithwaite, T., 'Dimon warns breaking up JPMorgan would hurt US financial power', *Financial Times*, 14 January 2015, https://www.ft.com/content/7e907a18-9c04-11e4-a6b6-00144feabdc0

Brandeis, L. D., *Other People's Money: And How the Bankers Use It*, F. A. Stokes, 1914

Braudel, F., *Civilization and Capitalism, 15th–18th Century*, vol. 3: *Perspective of the World*, University of California Press, Berkeley, 1992

Braudel, F., *Civilization and Capitalism, 15th–18th Century*, vol. 2: *The Wheels of Commerce*, new edn, Weidenfeld and Nicolson, 2002

Bray, C., 'Goldman Sachs didn't trick Libyan fund', *The New York Times*, 14 October 2016, https://www.nytimes.com/2016/10/15/business/dealbook/goldman-sachs-libya-sovereign-wealth-fund.html
Brewer, E., and J. Jagtiani, 'How Much Did Banks Pay to Become Too-Big-To-Fail and to Become Systemically Important?' *Journal of Financial Services Research*, vol. 43, 2013, pp. 1–35, https://doi.org/10.1007/s10693-011-0119-6
Bristow, T., 'Four hotels, an £8m firm, all gone – one Norfolk hotelier's battle with RBS', *Eastern Daily Press*, 21 March 2018, http://www.edp24.co.uk/business/hotelier-david-easter-rbs-grg-turnaround-norfolk-1-5443669
Burgis, T., 'Dark money: London's dirty secret', *Financial Times*, 11 May 2016, https://www.ft.com/content/1d805534-1185-11e6-839f-2922947098f0
Burrough, B., 'Bringing Down Bear Stearns', *Vanity Fair*, 30 June 2008, https://www.vanityfair.com/news/2008/08/bear_stearns200808-2
Carney, M., 'The Promise of FinTech – Something New under the Sun?', speech at the Bank of England, 25 January 2017, https://www.bankofengland.co.uk/speech/2017/the-promise-of-fintech-something-new-under-the-sun
Clifford Chance LLP, 'Independent Review of the Central Allegation Made by Dr Lawrence Tomlinson in Banks' Lending Practices: Treatment of Businesses in Distress', 2011, https://www.rbs.com/content/dam/rbs_com/rbs/Documents/News/2014/04/Clifford-Chance-Independent-Review.pdf
Chaunu, P., *La Civilisation de l'Europe des Lumières: 239 héliogravures . . .*, Flammarion, 1971
Chincarini, L., *The Crisis of Crowding: Quant Copycats, Ugly Models, and the New Crash Normal*, John Wiley and Sons, 2012
Clark, A., 'Former Bear Stearns boss Jimmy Cayne blames conspiracy for bank's collapse', *Guardian*, 5 May 2010, https://www.theguardian.com/business/2010/may/05/bear-stearns-boss-denies-blame
CNN, 'ICO Scams Have Raised More Than $1 Billion, Report Claims', 19 May 2018, https://www.ccn.com/ico-scams-have-raised-more-than-1-billion-report-claims/
Cohan, W., 'Michael Milken invented the modern junk bond, went to prison, and then became one of the most respected people on Wall Street', Business Insider, 2 May 2017, http://uk.businessinsider.com/michael-milken-life-story-2017-5?r=US&IR=T
Cohan, William D., *House of Cards: How Wall Street's Gamblers Broke Capitalism*, Allen Lane, 2009, pp. 244–53
Commons, J. R., *Institutional Economics*, vol. 1: *Its Place in Political Economy*, Transaction Publishers, 1990

Commons, J. R., *Legal Foundations of Capitalism*, reprint edn, Lawbook Exchange, 2012

Corey, L., *The House of Morgan: A Social Biography of the Masters of Money*, G. H. Watt, 1930

Crotty, J., 'If Financial Market Competition is So Intense, Why are Financial Firm Profits So High? Reflections on the Current "Golden Age" of Finance', University of Massachusetts, Amherst, PERI Working Paper Series, No. 134, April 2007

Cuomo, A., 'No Rhyme or Reason. The Heads I Win, Tails You Lose Bank Bonus Culture', workplacebullying.org/multi/pdf/Cuomo.pdf, 2009

Darrah, K., 'The QE reversal', *World Finance*, 26 April 2018, https://www.worldfinance.com/banking/the-qe-reversal

Davíðsdóttir, S., 'What is Deutsche Bank hiding in Iceland?', Sigrún Davíðsdóttir's Icelog, undated, http://uti.is/?s=deutsche

Davidson, A., 'How AIG fell apart', Reuters, 18 September 2008, https://www.reuters.com/article/us-how-aig-fell-apart-idUSMAR85972720080918

Deutsche Bank, Annual Report, 2016, https://www.db.com/ir/en/download/Deutsche_Bank_Annual_Report_2016.pdf

Donohoe, P., 'How often is the "Single Malt" tax loophole used? The government is finding out', The Journal, 15 November 2017, https://www.thejournal.ie/single-malt-tax-evasion-3698512-Nov2017/

Economist, 'Credit Derivatives: The Great Untangling', 6 November 2008, https://www.economist.com/briefing/2008/11/06/the-great-untangling

Economist, 'Scots on the Rocks', 25 February 2010, https://www.economist.com/briefing/2010/02/25/scots-on-the-rocks

Economist, 'The Stars of the Junkyard', 21 October 2010

Edmonds, T., 'Treatment of SMEs by RBS Global Restructuring Group', Debate Pack, House of Commons Library, 16 January 2018, researchbriefings.files.parliament.uk/documents/CDP-2018 . . ./CDP-2018-0011.pdf

Egan, M., '5,300 Wells Fargo employees fired over 2 million phony accounts', CNN Business, 8 September 2016, https://money.cnn.com/2016/09/08/investing/wells-fargo-created-phony-accounts-bank-fees/index.html

Endlich, L., *Goldman Sachs: The Culture of Success*, Touchstone, 2000

Erman, M., and H. Somerville, 'LendingClub says ex-CEO took loans to boost volumes', Reuters, 28 June 2016, https://www.reuters.com/article/us-lendingclub-ceo-idUSKCN0ZE13Q

Fama, E., 'Efficient Capital Markets: A Review of Theory and Empirical Work', *Journal of Finance*, vol. 25:2, 1970

Fame, W., and L. White, 'Empirical Studies of Financial Innovation: Lots of

Talk, Little Action?', Working Paper 2002–12, Federal Reserve Bank of Atlanta, 2002
FCIC (US Financial Crisis Inquiry Commission), 'The Financial Crisis Inquiry Report', Final Report of the National Commission on the Causes of the Financial and Economic Crisis in the United States, US Government Printing Office, January 2011, https://www.gpo.gov/fdsys/pkg/GPO-FCIC/pdf/GPO-FCIC.pdf
Finextra, 'Fed researchers compare P2P lending to subprime mortgages', 10 November 2017, https://www.finextra.com/newsarticle/31322/fed-researchers-compare-p2p-lending-to-subprime-mortgages
Fino, Jessica, 'UK banks make £9bn in profits in tax havens', *Economia*, 27 March 2017, https://economia.icaew.com/news/march-2017/uk-banks-hold-9bn-in-profits-in-tax-havens
Fiordelisi, F., 'Why Do Banks Merge?', in *Mergers and Acquisitions in European Banking*, Palgrave Macmillan Studies in Banking and Financial Institutions, Palgrave Macmillan, 2009, pp. 48–84, https://doi.org/10.1057/9780230245402_3
Focarelli, D., F. Panetta and C. Salleo, 'Why Do Banks Merge?', *Journal of Money, Credit and Banking*, vol. 34, 2002, pp. 1047–66
Fortune, 'America's Most Admired Companies', 2007, http://archive.fortune.com/magazines/fortune/mostadmired/2007/industries/industry_52.html
Fraser, I., 'Do Merrill Lynch bankers know no shame?', Ian Fraser blog, 23 January 2009, http://www.ianfraser.org/742/
Fraser, I., 'RBS executives seem to think they're above the law', Ian Fraser blog, 16 December 2010, http://www.ianfraser.org/rbs-executives-think-theyre-above-the-law/
Fraser, I., 'A short history of RBS's Global Restructuring Group', Ian Fraser blog, 17 June 2012, http://www.ianfraser.org/has-rbs-become-a-rogue-institution/
Fraser, I., *Shredded: Inside RBS, the Bank That Broke Britain*, Birlinn, 2014
Fraser, I., 'My nightmare 10-year battle for RBS damages: businessman in landmark court victory backs campaign for safeguards', *Financial Mail on Sunday*, 28 October 2017, https://www.thisismoney.co.uk/money/news/article-5027439/My-nightmare-10-year-battle-RBS-damages.html
FTC (Federal Trade Commission), 'FTC charges Lending Club with deceiving consumers', press release, 25 April 2018, https://www.ftc.gov/news-events/press-releases/2018/04/ftc-charges-lending-club-deceiving-consumers-0
Giannone, J., 'AIG bailout good for banks while investors bleed', Reuters,

11 March 2009, https://www.reuters.com/article/us-aig-bailout-sb-idUSTRE52A0TP20090311

Glazer, E., 'Whistleblowers detail Wells Fargo wealth management woes', *Wall Street Journal*, 27 July 2018, https://www.wsj.com/articles/whistleblowers-detail-wells-fargo-wealth-management-woes-1532707096

Goldfarb, Z., 'Former Bear Stearns executives blame collapse on "self-fulfilling prophecy" ', *Washington Post*, 6 May 2010, http://www.washingtonpost.com/wp-dyn/content/article/2010/05/05/AR2010050505104.html

Goldman Sachs, Consent of Defendant Goldman, Sachs & Co., *SEC v. Goldman Sachs & Co.*, 790 F. Supp. 2d 147 (S.D.N.Y. 2011) (No. 10-CV-3229), 2010 WL 2779309, 2010

Graeber, D., *Debt: The First Five Thousand Years*, Melville House Publishing, 2013

Griffin, R., et al., 'How Azerbaijan's biggest bank used Dublin on way to default', *Irish Times*, 19 June 2017, https://www.irishtimes.com/business/financial-services/how-azerbaijan-s-biggest-bank-used-dublin-on-way-to-default-1.3124981

Haldane, A., 'On being the Right Size', speech at the Institute of Economic Affairs, 22nd Annual Series, The 2012 Beesley Lectures, at the Institute of Directors, London, 25 October 2012, https://www.bis.org/review/r121030d.pdf

Haldane, A., 'The Age of Asset Management', speech at London Business School, 4 April 2014, https://www.bankofengland.co.uk/speech/2014/the-age-of-asset-management

Handelsblatt, 'Beide Asien-Finanzchefs beurlaubt', 19 May 2015 (in German only), http://www.handelsblatt.com/unternehmen/management/deutsche-bank-beide-asien-finanzchefs-beurlaubt/11796824.html

Hansard, Treasury Committee: Oral Evidence: 'RBS' Global Restructuring Group and its treatment of SMEs', HC 737, 30 January 2018, http://data.parliament.uk/writtenevidence/committeeevidence.svc/evidencedocument/treasury-committee/rbs-global-restructuring-group-and-its-treatment-of-smes/oral/77683.html

Harrison, W., 'In defence of big banks', *The New York Times*, 22 August 2012, https://www.nytimes.com/2012/08/23/opinion/dont-break-up-the-big-banks.html

Hodgson, G. M., 'John R. Commons and the Foundations of Institutional Economics', *Journal of Economic Issues*, vol. 37, 2003, pp. 547–76, https://doi.org/10.1080/00213624.2003.11506603

Hodgson, G. M., *The Evolution of Institutional Economics*, Routledge, 2004

Hosters, J., 'Joseph Schumpeter and His Legacy in Innovation Studies', *Knowledge, Technology, & Policy*, vol. 18:3, 2005, pp. 20–37

Independent, 'The banker the credit crisis couldn't touch', 27 July 2008, https://www.independent.co.uk/news/business/analysis-and-features/the-banker-the-credit-crisis-couldnt-touch-878002.html

Ingram, D. and P. Rudegeair, 'U.S. accuses Bank of America of mortgage-backed securities fraud', Reuters, 6 August 2013, https://uk.reuters.com/article/us-bofa-justice-idUSBRE9750ZU20130806

Jenkins, P. and L. Noonan, 'How Deutsche Bank's high-stakes gamble went wrong', *Financial Times*, 9 November 2017, https://www.ft.com/content/60fa7da6-c414-11e7-a1d2-6786f39ef675

Josephson, M., *The Robber Barons: The Great American Capitalists 1861–1901*, Harcourt Brace, 1962

Kaminska, I., 'Fintech's security/access paradox problem', *Financial Times*, 3 October 2016, https://ftalphaville.ft.com/2016/10/03/2176471/fintechs-securityaccess-paradox-problem/

Kaminska, I., 'Fintech as a gateway for criminal enterprise', *Financial Times*, 'Alphaville', 12 January 2018, https://ftalphaville.ft.com/2018/01/12/2197610/fintech-as-a-gateway-for-criminal-enterprise/

Katz, L., 'Criminals may ditch Bitcoin for Litecoin, Dash, study says', Bloomberg, 8 February 2018, https://www.bloomberg.com/news/articles/2018-02-08/criminals-are-ditching-bitcoin-for-litecoin-and-dash-study-says

Kay, J., *Other People's Money: Masters of the Universe or Servants of the People?*, Profile Books, 2015

Kelly, K., 'EC will scour Bear trading data', *Wall Street Journal*, 28 May 2008, https://www.wsj.com/articles/SB121193543321324769

Kelly, K, *Street Fighters: The Last 72 Hours of Bear Stearns, the Toughest Firm on Wall Street*, Penguin Books, 2009

Kelly, K. and S. Craig, 'Goldman is queried about Bear's fall', *Wall Street Journal*, 16 July 2008, https://www.wsj.com/articles/SB12161716758 7756521

Kelso, E., 'New study: 80% of ICOs are scams, only 8% reach an exchange', Bitcoin.com, 28 March 2018, https://news.bitcoin.com/80-of-icos-are-scams-only-8-reach-an-exchange/

Ketchum, D., '15 biggest crowdfunding scams and failures of all time', Go Banking Rates, 14 March 2018, https://www.gobankingrates.com/making-money/business/biggest-crowdfunding-scams-failures/

Kottasowa, I., '9 trillion and counting: how central banks are still flooding the world with money', CNN Business, 9 September 2016, https://money.

cnn.com/2016/09/08/news/economy/central-banks-printed-nine-trillion/index.html

Kummer, S. and C. Pauletto, 'The History of Derivatives: A Few Milestones', EFTA Seminar on Regulation of Derivatives Markets, Zurich, 3 May 2012, SECO and Federal Department of Economic Affairs FDEA, https://www.seco.admin.ch/ . . ./History_of_Derivatives . . ./10%20The%20History%20of . . .

Larsen, P., 'Lever again', Reuters, 27 December 2017, https://www.breakingviews.com/features/regulators-will-drive-next-wave-of-eu-bank-mergers/

Lavoie, M., *Introduction to Post-Keynesian Economics*, Palgrave Macmillan, 2009

Levine, M., 'Abacus CDO bites Goldman back', Bloomberg, 26 September 2018, https://www.bloomberg.com/opinion/articles/2018-09-26/abacus-cdo-bites-goldman-back

Levine, M., 'Wells Fargo opened a couple million fake accounts', Bloomberg, 9 September 2016, https://www.bloomberg.com/opinion/articles/2016-09-09/wells-fargo-opened-a-couple-million-fake-accounts

Lopez, L., 'The IRS is getting serious about cracking down on another cherished hedge fund tax loophole', Business Insider, 1 July 2013, https://www.businessinsider.com/irs-eyes-basket-options-tax-loophole-2013-7?IR=T

Makowski, L., and J. M. Ostroy, 'Perfect Competition and the Creativity of the Market', *Journal of Economic Literature*, vol. 39, 2001, pp. 479–535, https://doi.org/10.1257/jel.39.2.479

Manager Magazin, 'Deutsche bank zahlt 450 Millionen im Kaupthing Vergleich', 22 March 2017, http://www.manager-magazin.de/unternehmen/banken/deutsche-bank-offenbar-450-millionen-im-kaupthing-vergleich-gezahlt-a-1139859.html

Mason, R., 'Bankrupt Cayman Islands to get £38m bail-out', *Telegraph*, 30 September 2009, https://www.telegraph.co.uk/finance/financialcrisis/6248284/Bankrupt-Cayman-Islands-to-get-38m-bail-out.html

McKinnon, R., *Money and Capital in Economic Development*, Brookings Institution, 1973

McLean, B., and J. Nocera, *All the Devils are Here: Unmasking the Men Who Blew Up the World*, Viking, 2010

Megaw, N., 'RBS ranked UK's least popular bank', *Financial Times*, 15 August 2018, https://www.ft.com/content/60c95b72-a05a-11e8-85da-eeb7a9ce36e4

Mehrling, P., *The New Lombard Street*, Princeton University Press, 2010

Minsky, H., *Stabilizing an Unstable Economy*, Yale University Press, 1986

Monaghan, A., '"Too big to fail" risks growing in asset management', *Guardian*,

4 April 2014, https://www.theguardian.com/business/2014/apr/04/asset-management-risks-bailout-rising-warns-bank-of-england

Moody's, 'Danièle Nouy of ECB on consolidation in European banking sector', 27 September 2017, https://www.moodysanalytics.com/regulatory-news/sept-27-daniele-nouy-of-ecb-on-consolidation-in-european-banking-sector

Morgan, D. P., and K. J. Stiroh, *Too Big to Fail after All These Years* (SSRN Scholarly Paper No. ID 813967), Social Science Research Network, 2005

Morgentson, G., 'A Bank Too Big to Jail', *The New York Times*, 15 July 2016, https://www.nytimes.com/2016/07/17/business/a-bank-too-big-to-jail.html

Moscow Times, 'Deutsche Bank Moscow faces three investigations over possible money laundering', 16 July 2015, https://themoscowtimes.com/articles/deutsche-bank-moscow-faces-three-investigations-over-possible-money-laundering-48219

Nasiripour, S., 'Largest banks likely profited by borrowing from Federal Reserve, lending to Federal Government', Huffington Post, 26 April 2011, https://www.huffingtonpost.co.uk/entry/fed-lending-helped-wall-street_n_853884

Newman, D., 'Exploring 5 trends driving the fintech revolution', *Forbes*, 3 July 2018, https://www.forbes.com/sites/danielnewman/2018/07/03/exploring-5-trends-driving-the-fintech-revolution/#3a83941812c7

Noonan, L., and P. Jenkins, 'JPMorgan: defying attempts to end "too big to fail" ', *Financial Times*, 12 September 2018, https://www.ft.com/content/0eebc7de-b4de-11e8-b3ef-799c8613f4a1

Norris, F., 'Naked truth on default swaps', *The New York Times*, 10 May 2010, https://www.nytimes.com/2010/05/21/business/economy/21norris.html?mtrref=www.google.com

O' Hara, M., and W. Shaw, 'Deposit Insurance and Wealth Effects: The Value of being 'Too Big to Fail', *Journal of Finance*, vol. 45, 1990, pp. 1587–1600, https://doi.org/10.1111/j.1540-6261.1990.tb03729.x

Partnoy, F., *FIASCO: Blood in the Water on Wall Street*, Profile Books, 2009

Partz, H., 'SEC launches mock ICO to show investors warning signs of fraud', Coin Telegraph, 16 May 2018, https://cointelegraph.com/news/sec-launches-mock-ico-to-show-investors-warning-signs-of-fraud

Peston, R., 'How hedge funds sunk Bear Stearns', BBC News, 14 March 2008, http://www.bbc.co.uk/blogs/thereporters/robertpeston/2008/03/how_hedge_funds_sunk_bear_stea.html

Pickard, J., and S. Goff, 'Santander can bid for RBS business branches', *Financial Times*, 1 November 2009, https://www.ft.com/content/51c343e4-c72a-11de-bb6f-00144feab49a

Piketty, T., *Capital in the Twenty-first Century*, Harvard University Press, 2014
Piskorski, T., A. Seru and J. Witkin, 'Asset Quality Misrepresentation by Financial Intermediaries: Evidence from RMBS Market', Kreisman Working Paper Series in Housing Law and Policy, No. 9, University of Chicago Law School, 2013, https://chicagounbound.uchicago.edu/cgi/viewcontent.cgi?article=1006&context=housing_law_and_policy
Polillo, S., *Conservatives vs Wildcats: A Sociology of Financial Conflict*, Stanford University Press, 2013
Press Association, 'Barclays agrees to pay $2bn to settle US fraud case', *Guardian*, 29 March 2018, https://www.theguardian.com/business/2018/mar/29/barclays-agrees-to-pay-2bn-to-settle-us-case-justice-department-mortgage-backed-securities
Price, M., and P. Schroeder, 'Trump's consumer financial chief disbands key advisory boards', Reuters, 6 June 2018, https://www.reuters.com/article/us-usa-cfpb-boards/trumps-consumer-financial-chief-disbands-key-advisory-boards-idUSKCN1J22PN
Promontory Financial Group, 'RBS Group Treatment of the SME Customers Referred to the Global Restructuring Group', report prepared for the FCA, September 2016, https://www.parliament.uk/documents/commons-committees/treasury/s166-rbs-grg.pdf
Puri, M., 'Commercial Banks in Investment Banking Conflict of Interest or Certification Role?', *Journal of Financial Economics*, vol. 40:3, 1996, https://doi.org/10.1016/0304-405X(95)00855-9
Ranawake, N., 'There is no debate; the country needs bigger and stronger banks', Daily FT, 29 June 2018, http://www.ft.lk/financial-services/%E2%80%9C--There-is-no-debate-the-country-needs-bigger-and-stronger-banks-%E2%80%9D/42-657994
Reuters, 'Banks paid $321 billion in fines since financial crisis: BCG', 2 March 2017, https://www.reuters.com/article/us-banks-fines/banks-paid-321-billion-in-fines-since-financial-crisis-bcg-idUSKBN1692Y2
Riesman, D., *Thorstein Veblen*, Transaction Publishers, 1953
Robinson, E., and M. Montijano, 'Santander's Ana Botín has something to prove', Bloomberg, 23 November 2015, https://www.bloomberg.com/news/features/2015-11-23/santander-s-ana-bot-n-has-something-to-prove
Robinson, G., 'Kaupthing: We're not – repeat NOT – desperate', *Financial Times*, 'Alphaville', 5 March 2008, https://ftalphaville.ft.com/2008/03/05/11367/kaupthing-were-not-repeat-not-desperate/?source=rss
Roe, M. J., 'Structural Corporate Degradation Due to Too-Big-to-Fail Finance', *University of Pennsylvania Law Review*, vol. 162, 2014, pp. 1419–64

Rosenbaum, E., 'Goldman Sachs stock: buy, sell or hold?', The Street, 20 April 2010, https://www.thestreet.com/story/10728591/1/goldman-sachs-stock-buy-sell-or-hold.html

Rucker, P., 'Exclusive: Wells Fargo faces sanctions for auto insurance payouts – sources', Reuters, 15 March 2018, https://www.reuters.com/article/us-wells-fargo-accounts-auto-exclusive/exclusive-wells-fargo-faces-sanctions-for-auto-insurance-payouts-sources-idUSKCN1GR0G3

Rudegeair, P., 'Lending Club CEO Fired over Faulty Loans', *Wall Street Journal*, 9 May 2016, https://www.wsj.com/articles/lendingclub-ceo-resigns-over-sales-review-1462795070

Samuelson, P. A., 'Proof That Properly Anticipated Prices Fluctuate Randomly', in *The World Scientific Handbook of Futures Markets* (World Scientific Handbook in Financial Economics Series), *World Scientific*, 2015, pp. 25–38, https://doi.org/10.1142/9789814566926_0002

Schäfer, D., et al., 'Barclays in Qatar loan probe', *Financial Times*, 30 January 2013, https://www.ft.com/content/47d412ce-6bd1-11e2-a700-00144feab49a

Schumpeter, J. A., 'The Influence of Protective Tariffs on the Industrial Development of the United States', *Proceedings of the Academy of Political Science*, vol. 19:1, 1940, pp. 2–7

Schwarz, H., *Subprime Nation: American Power, Global Capital and the Housing Bubble*, Cornell University Press, 2009

Seager, A., L. Elliot and J. Kollewe, 'Barclays admits borrowing hundreds of millions at Bank's emergency rate', *Guardian*, 31 August 2007, https://www.theguardian.com/business/2007/aug/31/money

SEC, Complaint, Litigation Release, 2010, https://www.sec.gov/litigation/complaints/2010/comp-pr2010-59.pdf

Senate Committee on Banking and Currency, 'The Pecora Report: The 1934 Report on the Practices of Stock Exchanges from the Pecora Commission', US Senate, Report No. 1455, Washington, DC, June 2009 [1934], https://www.senate.gov/artandhistory/history/common/.../pdf/Pecora_FinalReport.pdf

Smith, G., *Why I Left Goldman Sachs: A Wall Street Story*, Grand Central Publishing, 2012

Strange, S., *States and Markets*, Continuum, 1988

Telegraph, 'RBS and Barclays should both be getting the jitters', 'Comment', 28 July 2007, https://www.telegraph.co.uk/finance/comment/2813039/RBS-and-Barclays-should-both-be-getting-the-jitters.html

Tett, G., *Fool's Gold: How Unrestrained Greed Corrupted a Dream, Shattered Global Markets and Unleashed a Catastrophe*, Abacus, 2009

Thornton, J., 'The Financial Repression Paradigm: A Survey of Empirical Research', *Savings and Development*, vol. 15:1, 1991, pp. 5–18.

Treanor, J., 'RBS facing £400m bill to compensate small business customers', *Guardian*, 8 November 2016, https://www.theguardian.com/business/2016/nov/08/rbs-facing-400m-bill-to-compensate-small-business-customers.

Tully, S., 'Lewie Ranieri wants to fix the mortgage mess', *Fortune*, 9 December 2009, http://archive.fortune.com/2009/12/08/real_estate/lewie_ranieri_mortgages.fortune/index.htm

US Senate, 'Abuse of Structured Products', Majority and Minority Staff Report, Permanent Subcommittee on Investigations, 22 July 2014 hearing, https://www.gpo.gov/fdsys/pkg/CHRG-113shrg89882/pdf/CHRG-113shrg89882.pdf

Veblen, T., *Why is Economics Not an Evolutionary Science?*, *Quarterly Journal of Economics*, vol. 12, 1898, pp. 373–97, https://doi.org/10.2307/1882952

Veblen, T., *The Vested Interests and the Common Man*, abridged edn, Cosimo Classics, New York, 2005

Veblen, T., *Absentee Ownership: Business Enterprise in Recent Times – The Case of America*, Routledge, 2017, https://doi.org/10.4324/9781315083148

Veblen, T., *The Engineers & the Price System: From the Author of The Theory of the Leisure Class, The Theory of Business Enterprise, Imperial Germany and the Industrial Revolution & The Higher Learning in America*, Musaicum Books, 2017

Veblen, T., *The Theory of the Leisure Class*, Routledge, 2017, https://doi.org/10.4324/9781315135373

Wallace, T., 'Goldman Sachs accused of "taking advantage" of naive Libyans who "live in the middle of the desert with camels"', *Telegraph*, 13 June 2016, https://www.telegraph.co.uk/business/2016/06/13/goldman-sachs-accused-of-taking-advantage-of-naive-libyans-who-l/

Weber, E., 'A Short History of Derivative Security Markets', SSRN Working Paper, June 2008, https://papers.ssrn.com/sol3/papers.cfm?abstract_id=1141689

Werdingier, J., 'Barclays withdraws bid to take over ABN-Amro', *The New York Times*, 6 October 2007, https://www.nytimes.com/2007/10/06/business/worldbusiness/06bank.html

Wheelock, D., 'Too Big to Fail: The Pros and Cons of Breaking Up Big Banks', Regional Economist, St Louis Fed, October 2012, https://www.stlouisfed.org/publications/regional-economist/october-2012/too-big-to-fail-the-pros-and-cons-of-breaking-up-big-banks

Wieczner, J., 'Bitcoin investors aren't paying their cryptocurrency taxes',

Fortune, 13 February 2018, http://fortune.com/2018/02/13/bitcoin-cryptocurrency-tax-taxes/

Wildau, G., and Y. Jia, 'Collapse of Chinese peer-to-peer lenders sparks investor flight', *Financial Times*, 22 July 2018, https://www.ft.com/content/75e75628-8b27-11e8-bf9e-8771d5404543

Wilson, H., P. Aldrick and K. Ahmed, 'RBS investigation: Chapter 2 – the ABN Amro takeover', *Telegraph*, 11 December 2011, https://www.telegraph.co.uk/finance/newsbysector/banksandfinance/8947530/RBS-investigation-Chapter-2-the-ABN-Amro-takeover.html

Wolf, M., 'Banking remains far too undercapitalised for comfort', *Financial Times*, 21 September 2017, https://www.ft.com/content/9dd43a1a-9d49-11e7-8cd4-932067fbf946

致 谢

本书最终得以完成，有赖于许多朋友和同事的帮助，他们或在金融领域工作，或是该行业的客户。朋友们耐心地与我们共度宝贵时光，分享他们对金融业的看法和经验。这些帮助犹如天上繁星，无法在此一一列出。

感谢大卫·萨松、约尼·格鲁霍夫斯基、奥莱西亚·坎特、卡拉卡·梅斯特奇、让－菲利普·罗伯、杰西卡·艾斯特兰德以及大西洋两岸的许多与我们交谈但不愿具名的人。

在日常工作中，我们有幸身处优秀人士周围。我们在伦敦金融城以及其他地方的同事是这本书的第一批读者，尽管他们工作繁忙，但依然慷慨地提供了反馈。我们非常感谢阿姆农·阿兰、阿尔贝娜·阿兹马诺娃、吉赛尔·达茨、桑迪·哈格、奥利弗·凯斯勒、约西夫·科夫拉斯、福蒂斯·莱桑德鲁、佩里·梅林、斯特凡诺·帕利亚里、因德吉特·帕尔马尔、汉娜·彼得森、理查德·菲利普斯、布鲁内洛·罗莎、阿明·萨姆曼、斯特凡诺·斯甘巴蒂、阿图尔·沙阿、萨拉·西尔维斯特里、马克·施瓦茨、扬·托波罗夫斯基以及其他许多听过我们的论点并帮助我们将这些论点更明晰化的人。

感谢安妮·亨诺和安妮·齐默尔曼帮助我们进行背景研究。

第 11 章和第 12 章的研究得到了地平线 2020 COFFERS 的资金（欧盟拨款协议 727145）支持。

感谢威立版权代理公司的詹姆斯·普伦。如果没有他对本书的用心、鼓励和支持，这本书就不会问世：他对项目的热情、宝贵的建议以及至关重要的耐心引导我们将学术理论和行话转化为大众更容易接受和感兴趣的文本。

我们也很幸运有非常高效专业的编辑团队：企鹅图书出版公司的托马斯·佩恩和公共事务出版社的克莱夫·普里德尔，感谢你们!